Garten mit System

Dorothée Waechter

Schattenplätze
attraktiv gestalten

Dorothée Waechter

Schattenplätze
attraktiv gestalten

Garten mit System

Umschlagfoto Ingeborg Tschakert

Die Deutsche Bibliothek ·
CIP-Einheitsaufnahme

Schattenplätze attraktiv gestalten/
lauschige Sitzplätze ;
romantische Wassergärten ;
Blumen, die im Schatten blühen –
praxisnah für jeden Garten/
Dorothée Waechter.
[Ill.: Manfred Lindner]. ·
Augsburg : Naturbuch-Verl., 1997
    (Garten mit System)
    ISBN 3-89440-235-0

NE: Waechter Dorothée;
    Lindner, Manfred

Naturbuch Verlag
© 1997 Weltbild Verlag GmbH, Augsburg
Alle Rechte vorbehalten

Konzeption Gisela Keil, Eurasburg

Illustration Manfred Lindner, Mainz

Bildredaktion Ulrike Rothhahn, PhotoPress

Layout Parzhuber & Partner, München

Umschlaggestaltung Parzhuber & Partner,
München

DTP Wühr, München
gesetzt in der Adobe Garamond

Reproduktion PHG Lithos, Martinsried

Druck und Bindung Interdruck, Leipzig

Gedruckt auf chlorfrei gebleichtem Papier
Printed in Germany
ISBN 3-89440-235-0

Bildnachweis
*Anthony/Fischer: S.11 u., S.55 u.;/Havenstein:
S.21 u.;/Fischer: S.40 o.;/Nilson: S.40 u.l.,
S.46 u.;/Henke: S.53 Kasten (groß);/Hermann:
S.59 o.; W. Funke: S.23 u.r., S.37 l., S.48 M.u.,
S.90 o.;/Geduldig: S.10, S.24 M.u., S.38 l.,
S.54, S.56 u.r., S.60 o., S.68 o., S.70 u.l.
und u.r., S.71 o. und u.r.; P. Himmelhuber:
S.24 u.r., S.41 r., S.61 o., 2.v.o., 4.v.o. und u.
Seidl: S.61 2.v.u.; Interfoto/Zucchi: S.71 u.r.;
P. Jarosch: S.11 o., S.12, S.13 o. und u.,
S.14 o.l., S.17 u. (groß), S.17 u. (klein),
S.19 o. (groß), S.22/23 M.u., S.31 l., S.33 u.,
S.34/35 M.o., S.34 u.l., S.35 u.r., S.37 o.,
S.41 u., S.50, S.52 u., S.56 o.l., S.56 o.r., S.60 u.,
S.67 u. (groß), S.69 u., S.78 o.l., S.78/79
M.o., S.79 u.r., S.83 r. und u., S.90 u., S.91 u.;
H. Marz: S.19 2.v.u.; L. Paysan: S.33 l.;
PhotoPress/Kuh: S.8, S.28;/Rutel: S.11 l.,
S.67 o. (groß), S.69 o., S.83 o. (groß);/Apel:
S.19 2.v.o. (klein), S.25 u.M., S.58 o.;/Krahmer:
S.21 o.;/Apel: S.24 u.l., S.67 3.v.u. und u.
(klein);/Aska: S.26 o.;/Seve: S.27 u.;
/Schöfmann: S.34/35 M.;/Rose: S.38 l.u.;
/Studio: S.42;/Hapf: S.48 u.r.;/Krahmer:
S.52 o., S.53 u.r.;/Rogler: S.53 u.l. und M.u.
(Kasten), S.57 u.l.;/Rauch: S.70 o.r.; Bildarchiv
Gärtner Pötschke: S.15 o.r. und u.r., S.14/15 M.u.,
S.19 u. (klein), S.25 u.l., S.75 Kasten (klein),
S.85 u.; W. Redeleit: S.24 l., S.30 o., S.31 o.,
S.32, S.35 o.r., S.35 M.r., S.34/35 M.u., S.41 o.,
S.43 o. und u., S.46 o., S.48 u.l., S.53 o., S.55 r.,
S.63 o. und u., S.74 u., S.75 o. und Kasten (groß),
S.76, S.77 o. und u., S.78 M.l. und u.l.,
S.78/79 M.u., S.79 o.r. und M.r., S.80 l. und
unten (alle), S.81 u. (alle), S.82 o. und u., S.85 o.,
S.86/87 alle, S.88, S.89 o. (groß) und u. (groß),
S.91 o.; Silvestris/Günther: S.17 2.v.o.;/Ker-
scher: S.18 u., S.40 M.u.;/Hanneforth: S.20;
/Riedmiller: S.22 u.l., S.22/23 M.o., S.23 o.r.,
S.26 u., S.70 M.u.;/Stadler: S.25 o. und u.r.;
/Rausch: S.30 u., S.31 r., S.34 M.l.;/Rede-
leit: S.34 o.l.;/Hecker: S.38 M.u.;/Gross:
S.38 r.u.;/Lindenburger: S.40 u.r.;/Naroska:
S.56 u.l.;/Hilpert: S.58 u.l.;/NHPA: S.59 u.l.;
/Bühler: S.61 3.v.o.;/Galan: S.67 2.v.u.,
S.68 u.;/Krieger: S.70 o.l.;/Willers: S.89 u.
(klein); R. Sulzberger: S.22 o.l., S.27 r., S.65 o.r.
und u.r., S.66, S.67 2.v.o. und 3.v.o., S.89 1. bis
5. v.o.; I. Tschakert: S.47, S.62, S.72, S.84;
D. Waechter: S.14/15 M.o., S.14 u.l., S.16, S.17 o.
(groß), S.18 o., S.27 o., S.57 o.r. und o.l., S.57 u.r.,
S.58 u.r. und M.u., S.59 u.r., S.67 o. (klein), S.74 l.*

*Umschlaginnenklappen: Anthony/Dumrath:
Rhododendron; Geduldig: Sterndolde; L.Hinz:
Waldmeister, Spierstrauch; Interfoto/Kolb: Efeu;
P.Jarosch: Schneeglöckchen; PhotoPress/Rau:
Stechpalme, Geißblatt;/Rogler: Akelei;/Rutel:
Kletterhortensie;/Rose: Fingerhut;/Aska: Waldre-
be; Bildarchiv Gärtner Pötschke: Glockenblume,
Frauenmantel; W. Redeleit: Maiglöckchen, Feuer-
ahorn; M. Scheu-Helgert: Buschwindröschen,
Schlüsselblume, Herbstanemone, Astilbe, Schnee-
ball, Hartriegel, Günsel; Silvestris/Rauch: Fleißi-
ges Lieschen;/Riedmiller: Immergün;/Willner:
Christophskraut;/Bühler: Hortensie;/Forr: Früh-
lings-Gedenkemein;/De Cuveland: Eisenhut;
/Partsch: Clematis; R. Sulzberger: Hosta,
Lungenkraut; D. Waechter: Storchschnabel*

Inhalt

Einleitung

Wer einen Garten hat, der freut sich immer wieder auf die sonnigen, warmen Tage. Das ist Genuß pur! Von Schatten dagegen will weder ein leidenschaftlicher Gärtner noch ein stolzer Gartenbesitzer etwas wissen. Mit dem Begriff an sich verbindet man etwas Düsteres, Tristes und Kaltes – ohne dabei immer gleich an der Garten zu denken.

Doch trotzdem fällt es schwer, dem Schatten-Garten auf Anhieb etwas Positives abzugewinnen. Eigentlich schade, denn Sie lassen dabei doch auch so viele angenehme Seiten unter den Tisch fallen. Wie steht es beispielsweise um den schattigen Platz in der heißen Mittagshitze eines Juli-Tages? Oder um den einzigartigen Spaziergang durch den erwachenden Frühlingswald? Das Veilchen, das hier ganz zufrieden ein Schattendasein führt, und sicherlich auch mit keinem Mauerblümchen tauschen will, gibt uns dieses hoffnungsvolle Gefühl, daß der Winter ein Ende haben wird und es endlich wieder wärmer und freundlicher werden wird. Und wer nicht unbedingt in den Wald gehen will, um dieses Gefühl hautnah zu erleben, der ist froh um den Schatten in seinem Garten, genauso wie man im Sommer meist schon in den frühen Mittagsstunden davon träumt, endlich die Liege im Schatten des Bambus aufstellen zu können.

Manchmal wird den sonnigen Plätzen im Garten einfach eine Prise zu viel Beachtung geschenkt, zumal diese das Spiel »Bunter, Prachtvoller, Vielfältiger« auch mit Leichtigkeit gewinnen. Aber spätestens wenn Sie auf der letzten Seite dieses Buches angekommen sind, werden Sie mir zustimmen: Nur auf den ersten Blick; ein Schattendasein führen die absonnigen Gärten nun wirklich nicht. Vielleicht haben Sie in Ihrem Garten ja auch noch ein solches, vernachlässigtes Eckchen, mit dem Sie nie etwas anzufangen wußten. Und wieviele Innenhöfe und Vorgärten bleiben trist und farblos, nicht weil der Schatten stört, sondern weil keiner recht weiß, was denn hier für natürliche Flower-Power sorgen könnte. Lassen Sie sich inspirieren und gewinnen Sie den wenig oder gar nicht besonnten Eckchen ganz neue Seiten ab.

Wenn der Sonnengarten noch schläft, geht es im Frühjahr hoch her. Bodendecker, Zwiebelblumen und Stauden sorgen für eine wundervolle Farbenpracht, die Sie sich auf keinen Fall entgehen lassen sollten. Im ersten Kapitel lernen Sie diese Frühlingsboten kennen und erhalten zahlreiche Tips über den gestalterischen Umgang. Außerdem gibt es im Schatten einen zweiten natürlichen Höhepunkt: den Herbst. In dieser Jahreszeit färbt sich das Laub an den Bäumen und Stauden prachtvoll. Zudem erwacht das Leben dicht über dem Boden noch einmal. Manchmal könnte man auch meinen, es sei bereits der Beginn des Frühjahrs, denn wie im Frühjahr blühen im Oktober beispielsweise Alpenveilchen oder Krokusse im Schatten. So vieles erinnert an den Lenz, nur die Blätter sind gerade erst herabgefallen und die kalte Jahreszeit steht noch bevor. Der Schatten bietet sich immer für eine kleine Oase im Garten an. Träumen, Feiern oder einfach nur der Sommerhitze entfliehen – wie Sie sich in Ihren absonnigen Gartenteilen ein hübsches Eckchen einrichten, erfahren Sie im zweiten Kapitel. Sie sollten sich aber erst einmal fragen, ob Sie einen großen Platz brauchen oder nur ein Eckchen zum Abschalten haben möchten. Entscheidend ist in diesem Zusammenhang nicht nur, daß der Sitzplatz gemütlich ist, sondern daß die Anlage die Möglichkeit bietet, absonnige Bereiche mit Leben und Farbe zu bereichern. Hierbei spielen Materialien für Bodenbeläge, der Stil und das Material der Möbel sowie das gestalterische Konzept eine wichtige Rolle. Außerdem sollten Sie darauf achten, daß dieser Bereich mit dem Wohnhaus und den übrigen Gartenteilen harmoniert.

Im dritten Kapitel geht es um die Gestaltung mit Pflanzen. Diese wird am Beispiel der im Sommer blühenden Schattenpflanzen erläutert. Im Schatten spielen Farben und Formen eine ganz eigene Rolle, und auch auf das Laub wird ein besonderes Augenmerk gerichtet. Mit diesen Anleitungen können Sie Ihren Schattensitzplatz mit einem Blumensaum umgeben und auch Beete im Schatten von Mauern und Häusern blumig gestalten.

Teich, Bach und Wasserstellen sind das Thema des vierten Kapitels. Wasser und Schatten gehen im Garten eine wunderschöne Symbiose ein. Während das Wasser den Schatten belebt, sorgt der Schatten dafür, daß sich die Teiche nicht zu sehr aufheizen und so unerwünschte Prozesse in Gang gesetzt werden. Nur hat nicht jeder den Platz für einen Teich, daher stellen wir Ihnen eine ganze Reihe von Lösungen vor, die das Gefühl der Ruhe vermitteln.

Außerdem kommt es im Schatten nicht selten vor, daß ein dichter Baumbestand verhindert, daß man einen großen, tiefen Teich bauen kann. Die Alternative ist ein Bachlauf. Der schmale Wasserlauf schlängelt sich malerisch durch die alten Baumwurzeln und prägt eine einzigartige Idylle. Ist der Bach an seinen Rändern dicht mit Pflanzen besiedelt, entdeckt man das kleine Rinnsal nur an seinem plätschernden Gesang.

Und nun viel Spaß, wenn Sie auf Entdeckungsreise gehen, und natürlich viel Erfolg bei der Umsetzung in Ihrem eigenen Garten!

Die krautige Vegetation der Wälder, die ihre Pracht im Frühling und Herbst besonders üppig entfaltet, stellt für die Gartenbepflanzung ein ideales Vorbild dar.

Die Sonnenseiten des Schattens

Die Natur kennt viele Varianten des Schattens. Im Unterholz der Wälder, an den Säumen von Hecken und am Rande von Buschwerk gedeihen wunderschöne krautige Pflanzen, meist Stauden und Zwiebelblumen. Diese natürlichen Pflanzengesellschaften lassen sich gut auf die Situation in Hausgärten übertragen.

Auch in den Sommermonaten verzaubern wunderschöne Schattenpflanzungen das grüne Reich.

siehe auch Seite 50

Zudem bieten kleine Wasserteiche und Bachläufe mit absonniger Lage eine Bereicherung der sommerlichen Farbenpracht.

siehe auch Seite 72

Als erstes wollen wir uns aber den Frühjahrs- und Herbstblühern zuwenden. ■

Schatten und Jahreszeiten

Der Natur abgeschaut

Bevor in den Bäumen und Sträuchern die Säfte wieder nach oben steigen, regt sich auf der Erde am

Am schattigen Wegesrand leuchtet ein Saum aus Tulpen. Dieser kräftige Farbfleck bringt Schwung in die absonnigen Gartenteile, so daß man jährliches Nachpflanzen, das eventuell notwendig wird, gerne in Kauf nimmt, zumal die Zwiebeln nicht sehr teuer sind.

Fuße der Bäume neues Leben. Noch ist es hier unten hell, und Stauden und Zwiebelpflanzen

nutzen die Zeit zum Blühen und Wachsen. Als erstes reckt sich meist die Blütenknospe aus der Erde, direkt danach die Blätter. Es breiten sich im Schatten farbenprächtige Teppiche aus, die wie ein kleines Wunder wirken. Jedes Jahr im Frühling auf ein neues. Diese Strategie ist ein gutes Vorbild für den Hausgarten, denn genau die gleichen Pflanzen können hier schattige Beete und Rabatten, Baumscheiben und Wegränder bereichern. Auch für die Pflege kann man sich einiges abgucken: Die Blätter der Zwiebelgewächse im Schatten vergilben einige Wochen nach der Blüte und ziehen sich vollkommen zurück. Für sie reicht das Licht nun nicht mehr aus, so daß sie sich lieber etwas Ruhe gönnen.

Für den Gärtner heißt das: Das Laub muß solange stehen bleiben, bis es sich leicht entfernen läßt, selbst wenn es nicht mehr sehr dekorativ ist.

Man sollte immer eine bunte Mischung aus den unterschiedlichsten Arten zusammenstellen. Dieser Artenreichtum ist eine Besonderheit, die dazu führt, daß man selbst auf wenig Fläche immer wieder etwas Neues entdecken kann. Pflanzen Sie aber auch ein paar Sommerblüher dazwischen, damit die Flächen in der Mitte des Jahres nicht kahl wirken.

siehe auch Seite 50

Ebenso wird die Waldflora im Herbst, wenn sich das Blätterkleid der Gehölze lichtet, noch einmal munter. Zwischen den braunen und gelben Blättern recken nun die verschiedensten Zwiebelblumen und Stauden ihre Blüten der Sonne entgegen.

Alle Gewächse unter den Bäumen profitieren übrigens von der reichen Humusmasse, die das Blattwerk in den Boden bringt. Durch die Zersetzung werden die Nährstoffe wieder in den Boden zu-

Tip Natur Buch

Kleine Kompromisse: Wenn Sie einen schattigen Bereich mit Zwiebelblumen wie Tulpen oder Narzissen bepflanzen möchten, weil sie von ihrer Farbenpracht profitieren wollen, so ist dieses durchaus möglich. Schließlich sind die Blütenanlagen bereits in der Zwiebel vorhanden. Es kann allerdings sein, daß sich die Pflanzen als nicht ganz so langlebig erweisen. Daher muß man öfter nachpflanzen.

Wunderschöne Teppiche bildet die Strahlenanemone im Laufe der Jahre. Dabei variiert die Blütenfarbe immer mehr, denn die neuen Pflanzen entstehen nicht nur durch eine Vermehrung der unterirdischen Zwiebeln, sondern auch durch Versamung.

Oben: Staudenbeet im Sommer mit Glockenblume, Hortensie und Lein. Unten: Zwiebelblumen erobern im Frühjahr Bereiche, die später im Schatten liegen.

Rechtzeitig die Vorbereitungen treffen

Für alle Zwiebelblumen beginnt die Pflanzzeit bereits im vorhergehenden Herbst. Wenn nämlich wieder reichlich Wasser zur Verfügung steht, bilden sich die ersten Wurzeln auf der Unterseite der Zwiebeln, so daß die Pflanzen im Frühjahr rechtzeitig loslegen können.

rückgeführt und stehen nicht nur für die großen Pflanzen, sondern auch für die Krautflora zur Verfügung. Deshalb sollten Sie in schattigen Bereichen immer darauf achten, daß Herbstlaub auf den Beeten liegen bleibt. Ist dieses nicht vorhanden, weil beispielsweise der Schatten durch ein Gebäude entsteht, sollten Sie unbedingt durch Kompost oder Rindenmulch für eine Humusanreicherung der Gartenerde sorgen. ■

Krokusse und Märzenbecher bilden ein stimmungsvolles Duo, das mit seinen zarten Blüten viel Licht in den Schatten zaubert.

Buntes Frühlingstreiben

Wenn sich der Frühling über den Garten legt, können Sie sich über jedes schattige Garteneckchen freuen. Denn die Flora, die in diesen Bereichen von Natur aus gedeiht, macht sich früh ans Blühen. Beispielsweise die kleinen lilablauen Veilchen – sie können, wenn es nicht zu kalt ist, bereits im Januar ihre ersten Blüten öffnen.

Und selbst wenn eine kältere Periode anbricht, lassen sie sich davon nicht abschrecken. Sie warten, bis die Temperaturen wieder über den Nullpunkt steigen und blühen dann weiter.

Sie sollten sich allerdings darüber im Klaren sein, daß all diese Blütenpracht nur selten eine große Fernwirkung hat. Die Blüten sind in der Regel klein und auch nicht besonders hoch. Daher sollten Sie diese teilweise sogar winzigen Kostbarkeiten des Frühlings un-

bedingt so setzen, daß sie leicht zu sehen sind.

Die Zwiebelblumen können Sie auch bereits im Herbst in Töpfe setzen. Diese werden etwas geschützt überwintert und die Pflanzen entfalten dann ihre Pracht zwischen Februar und April. Hierbei setzten Sie die Zwiebeln relativ dicht nebeneinander, so daß Hyazinthen und Schneeglöckchen einen kräftigen Farbfleck bilden. Eine hübsche Idee, um die triste Stimmung in Innen- und Hinterhöfen zu beleben. Wenn Sie verschiedene Arten mischen, sollten Sie sich auf etwa zwei pro Topf beschränken, damit die Farb-

Die zartgelben Schlüsselblümchen brauchen einen feuchten Boden um sich auszubreiten.

tupfer besonders gut zur Geltung kommen.

Wenn sich die Topfgestaltung als eine wirkungsvolle Ergänzung für

Schneeglöckchen gehören zu den Frühaufstehern im Garten. Dort wo sich der Boden rasch erwärmt, werden sich die ersten Blütenknospen öffnen.

Ihren Garten erweist, pflanzen Sie zum Sommer Einjährige und Stauden in die Gefäße.

■ siehe auch Seite 59

Immergrüne Nachbarn, wie Efeu, harmonieren übrigens gut mit den Blütenpflanzen. ■

Die Frühlingsflora

Veilchen

Das weiße, duftlose Veilchen 'Immaculata' mit seinen großen Blüten wird etwa 15 cm hoch. Die verhältnismäßig großen Blüten sitzen dicht nebeneinander und sind ein wahrer Lichtblick auch in etwas dunkleren Ecken.

Schneerose

Diese Schwester der bekannten Christrose liebt schattige Bereiche und gedeiht hier gut. Die Blüten können weiß, rosa und dunkelrot sein. Besonders hübsch: Sorten, bei denen die Blütenschalen seitlich geöffnet sind, so daß man die interessanten Zeichnungen im Inneren studieren kann.

Hundszahn

Die elegant zurückgeschlagenen Blütenblätter zeichnen diese kleine Zwiebelblume aus. Sie liebt einen kühlen Standort und sollte ruhig öfter Verwendung finden. Ihren deutschen Namen haben die Hundszahnlilien nach ihren länglichen Zwiebeln erhalten, die an den Eckzahn eines Hundes erinnern.

Lernen Sie an dieser Stelle die zarten Blütenkinder des Frühjahres mit ihren Eigenschaften kennen. Die meisten eignen sich hervorragend zum Verwildern. Dabei entstehen auf den schattigen Beeten und auf dem Rasen unter einzeln stehenden Bäumen Teppiche, die einen Hauch von Farbe über die Flächen legen, und auf diese Art und Weise das Frühjahr einläuten. ■

Alpenveilchen

Die Verwandtschaft zu der Zimmerpflanze sieht man diesen kleinen Knollenpflanzen sofort an. Sie blühen in einem kräftigen Pink. Die Pflanzen stehen jedoch unter Naturschutz und sind daher in Gärtnereien schwer zu bekommen. Am besten ziehen Sie sich einige Exemplare aus den Samen selbst. Allerdings sollten Sie dafür etwas Geduld mitbringen.

Winterling

Diese kleine, gelbblühende Knollenpflanze gibt den Beeten bereits im Februar einen goldenen Glanz und duftet dabei auch noch. Dieser anspruchslose Frühlingsblüher bildet inmitten eines noch kahlen und tristen Gartens einen Blütenteppich und schafft so ein optimistisch stimmendes Bild. Wichtig: Vor der Pflanzung die Knollen einige Stunden in handwarmes Wasser legen und quellen lassen.

Primel

Primeln bringen kräftige Farbtupfer in den Schatten. Die Leuchtkraft hängt zum einen von der Blütengröße ab, zum anderen aber auch von der Höhe des Blütenstiels. Wichtig: Im Abstand von drei bis vier Jahren sollten Sie die Pflanzen teilen, sonst werden sie blühfaul.

Dichte Decken
mit Blütenmuster

Bei Bodendeckern handelt es sich in der Regel um Stauden, die sich an den Standort im Schatten angepaßt haben. Während der meisten Zeit des Jahres schmückt das Grün ihrer Blätter den Boden, doch im Frühling entfalten die meisten dieser Pflanzen ihre Blütenpracht. Sie wirkt meist dadurch, daß sich gleich mehrere Quadratmeter große Farbkleckse im Garten wie Wolken ausbreiten. Bodendecker bilden nicht nur wegen ihrer Blüten wunderschöne Elemente im schattigen Garten, sondern auch eine Hilfe bei der Unkrautbekämpfung. Wenn der Boden vor der Pflanzung gründlich von Wurzelunkräutern wie Giersch, Quecke und Winde befreit worden ist, wird man damit nur wenig Last haben. Bis sich die Decke geschlossen hat, sollten Sie Rindenmulch in den Zwischenräumen verteilen, um das Unkraut niedrig zu halten.

Pflanztip

Bodendecker wachsen unterschiedlich, daher hat jede Art ihre eigenen Pflanzabstände, die Sie einhalten sollten. Wer dichter pflanzt, wird schon nach 2–3 Jahren unschöne Stellen haben, weil sich die Pflanzen gegenseitig bedrängen. Informieren Sie sich deshalb beim Kauf genau über die Pflanzabstände, die die einzelnen Bodendecker benötigen.

Bei denjenigen Arten, die ihre Ausläufer Jahr für Jahr ein Stückchen weiter nach außen wachsen lassen, sollten Sie gegebenenfalls Wurzelschutzbahnen in den Boden eingraben. Auf diese Art können Sie die Pflanzen problemlos in Zaum halten und zusätzlich angrenzende Beete und auch Plattenbeläge in der Nähe vor den unerwünschten Eindringlingen schützen. ■

Das Kaukasusvergißmeinnicht säumt die Beetränder mit seinem dichten Blattwerk. Darüber tanzen die kleinen, wasserblauen Blüten und sorgen für eine liebliche Stimmung. Die Blüte ist nur von kurzer Dauer, doch sind die auffällig großen, frischgrünen Blätter nicht minder attraktiv. Einmal eingewachsen, bilden die Stauden große Bestände. Wer die Pflanze in den tiefen Schatten setzt, der sollte die Sorte 'Longtrees' wählen, die silbrig gefleckte Blätter hat.

Die Götterblume ist eine Schönheit, die sich gut als Auflockerung zwischen Bodendeckern verwenden läßt. Sie läßt sich schön mit Haselwurz kombinieren.

Bunte Blumenmischungen haben den Charakter einer Wiese und mit dieser Leichtigkeit bevölkern die Blüten den Garten. Bei der Pflanzung der Zwiebelblüher sollten Sie sich auf ein bis maximal drei verschiedene Arten beschränken.

Die Schaumblüte gedeiht vorzüglich an schattigen Plätzen. Die Blüten verbreiten im Garten einen starken Duft.
IV–VI
30–60 cm

Der Günsel wird im Handel in verschiedenen Sorten angeboten, die sich in Blüten- und Blattfarbe unterscheiden.
A IV–VI
15–20 cm

Frauenmantel bildet durch Aussaat im Laufe der Zeit ein dichtes Polster, das Sie regelmäßig auslichten sollten.
A VI
40 cm

Maiglöckchen breiten sich durch Ausläufer aus. Die Pflanzendecken wirken lockerer, da das Blattwerk aufrecht aus dem Boden wächst.
V 20 cm
giftig

Krokusse können im Lauf der Jahre dichte Blütenteppiche bilden. In zahlreichen Sorten und Farben erhältlich.
IV–V bis 10 cm

Typisch Lenz: Blütenschmuck aus Zwiebeln und Knollen

Lernen Sie hier nun einige Beispiele kennen, wie Sie die Frühlingsblüher im Schatten verwenden können und was dabei zu beachten ist.

Zwiebel- und Knollengewächse, insbesondere die Frühlingsblüher, haben sich an den schattigen Standort besonders gut angepaßt. Sie nutzen nämlich die Situation aus, daß in den ersten Wochen des Jahres in Laubwäldern noch recht viel Licht auf den Boden kommt. In dieser Zeit blühen und fruchten Blausternchen, Schneeglöckchen & Co. Zudem gewinnen Sie über die Blätter auch so viel Energie in Form von Zuckern, daß sie diese in ihrem Vorratsspeicher, der Zwiebel beziehungsweise Knolle, einlagern können. Diese Nährstoffreserve stellt dann quasi die Blüte im darauffolgenden Frühjahr sicher. In der Regel treiben die Knospen nämlich noch vor den Blättern aus der Erde aus. ■

Als verwilderte Unterpflanzung von Bäumen eignen sich die Anemonen sehr gut. Man sollte jedoch wissen, daß es im Garten meistens ein Geduldspiel ist, bis sich diese Pflanze Jahr für Jahr in gleicher Pracht zeigt. Regelmäßiges Nachpflanzen sollten Sie in den ersten drei bis fünf Jahren einplanen, wenn Sie eine solche Blumendecke wünschen. Am schönsten entwickeln sie sich, wenn man sie ungestört wachsen läßt. Daher sollte man in ihrer Nähe den Boden nicht umgraben.

Die Baumscheibe der Obstgehölze braucht besondere Pflege. Die Pflanzen, die hier gedeihen, sollten den Wurzeln der Bäume keine Nährstoffe entziehen, gleichzeitig aber einen gewissen Schutz für diese empfindliche Stelle darstellen. Hier sind Zwiebelblumen ebenso wie Einjahresblumen farbenprächtige Begleiter der Obstbaumblüte.

An einer schattigen Mauer sind die Lichtverhältnisse etwas anders als im Unterholz. Schließlich dringen hier meistens auch im Frühjahr keine Sonnenstrahlen bis an die Erdoberfläche vor. Daher sollten Sie die Pflanzen besonders sorgsam hegen und pflegen. Zwiebelblumen, die man immer wieder frisch pflanzt, beispielsweise im Pflanzkübel, bieten eine schöne Möglichkeit, auch diese Bereiche farbenfroh zu gestalten.

Zwiebelblumen pflanzen

Damit die kleinen Pflänzchen locker verteilt sind und möglichst natürlich im Schatten blühen, nehmen Sie am besten eine Handvoll Zwiebeln und werfen diese über der Pflanzstelle in die Luft. So wie sie zu liegen kommen, werden sie in die Erde gesteckt. Dabei sollten Sie mit einem Zwiebelpflanzer ein ausreichend großes Loch in den Boden bohren. Es sollte zwei bis drei Mal so tief sein, wie die einzelne Zwiebel hoch ist. Nun die Zwiebel bis unten in das Loch drücken. Es darf kein Luftpolster zwischen Zwiebelboden und Erde entstehen, sonst können die Zwiebeln faulen.

Sträucher, die zeitig im Frühjahr erblühen

Die Zaubernuß ist einer der ersten Blütensträucher, die am Ende der Wintersaison bereits dicht mit Blüten übersät sind.
  bis 4 m

Die Hohe Scheinhasel ähnelt der Zaubernuß und blüht im Spätwinter.
  bis 8 m
 II–IV

Die heimische Haselnuß entfaltet ihre gelben Kätzchen bereits ab Februar und lockt die ersten Insekten an.
 bis 6 m
II–III

Die Blüten der Kornelkirsche sind klein und sitzen dicht an den Zweigen. Sie überziehen ab Ende Februar das Astwerk.
 bis 4 m
III–IV

Die Wildarten der Herbstastern gedeihen zu einem großen Teil auch im Halbschatten, wo sie mit ihren unendlich vielen Sternchenblüten für eine aufregende Bereicherung der buntgefärbten Laubsträucher sorgen.

Herbstliches Allerlei

Wenn der Herbst seine Zeichen im Schatten setzt, wird es richtig farbenfroh. Dabei hat er viele Möglichkeiten, um Aufmerksamkeit zu erregen. Schließlich ist es im Herbst soweit, daß sich von einigen der Sommerblüher Früchte bilden. Hier sei stellvertretend der Aronstab erwähnt, dessen Blütenkolben orangerot wie eine Fackel leuchtet, da lauter kleine Beeren wie Perlen auf Schnüren aufgereiht sitzen.

Bevor im Herbst das Grün der Blätter verschwindet, läßt er sie noch einmal in leuchtenden Gelb- und feurigen Rottönen glühen. Hierdurch entstehen sehr schöne Impressionen, die meist dadurch unterstützt werden, daß die Sonne niedriger steht und sich so auch mal seitlich in sonst schattige Bereiche vorwagt. Aber auch mit Blüten geizt der Herbst keineswegs. Feine Blütenschalen der Herbstanemonen und die zarten Versuchungen der herbstblühenden Krokusse mischen sich zwischen die stattlichen blauen Blütenrispen des Eisenhutes und andere Stauden.

siehe auch Seite 26

In dieser Umgebung möchte man gerne einen Sitzplatz haben, um die warmen Oktobertage zu genießen. Richten Sie sich daher neben dem von Ihnen gestalteten Herbsthöhepunkt eine Bank oder einen Stuhl ein, auf dem Sie die sinnlichen Momente dieser einzigartigen Jahreszeit auskosten können. Lesen Sie dazu auch in Kapitel 3 über den Klassiker Gartenbank und die Möglichkeit, damit Beete zu gestalten.

Rotbuchen bringen nicht nur im Herbst Farbakzente in den Garten.

Lassen Sie verfärbtes, abgefallenes Blattwerk auf der Erde liegen. Dieser Farbenreichtum der Laubdecke stellt einen besonderen Höhepunkt für das Auge dar. Zudem reichern sich gleichzeitig Nährstoffe im Boden an, die sonst verlorengehen und durch Dünger später ersetzt werden müssen. ■

Die dekorativen und schmackhaften Früchte der Lampionblume erscheinen im Herbst. Eine auch bei Floristen beliebte Pflanze.

Altweibersommer und Goldener Oktober

Herbstanemonen

Die Herbstanemonen brauchen einen feuchten, halbschattigen Standort. Ihre zarten Blüten- schalen wiegen sich in den ersten leichten Herbstwinden. Nicht zu verachten ist der Samenstand, denn die kleinen grauen Bälle entpuppen sich im Laufe des Herbstes als weiße watteartige Bäusche.

Eisenhut

Der Eisenhut trägt seine dunkelblauen Blüten bis spät im Herbst. Dunkelblau ist der Herbsteisenhut in der Blüte, der Echte Eisenhut dagegen ist etwas heller. Kombinieren Sie diese wundervollen Blüher mit rotfärbenden Hecken- sträuchern, wie dem Pfaffen- hütchen oder Ahorn.

Sonnenhut

Der Sonnenhut ist eine für jeden Garten empfehlenswerte Staude, die sich auch gut für die Vase eignet. Die eindrucksvollen Blüten erscheinen je nach Sorte von Spätsommer bis in den Herbst hinein.

Wenn der Herbst im Schatten Einzug hält, dann gibt es viel zu entdecken, denn nicht nur Blüten und Blätter, die sich in allen nur denkbaren feurigen Rottönen verfärben, sorgen für einen wunderbaren Schmuck, sondern auch Früchte und Samenstände bringen reizvolle Formen ins Spiel. So mancher unscheinbare Blüher entpuppt sich als Künstler, wenn er seine Früchte formt. ■

Prachtspiere

Die Schönheit der Prachtspieren im Schatten ist unbestritten. Aber lassen Sie ruhig die Blütenstände im Herbst stehen, denn sie bleiben ein Schmuck – auch wenn sie bereits braun gefärbt sind. Übrigens gibt es einige recht späte Arten und Sorten, die erst im August mit der Blüte beginnen und meist auch noch zum Herbstanfang einige Farbkleckse bilden.

Aronstab

Die orangeroten Früchte des Aronstabes leuchten aus dem schattigen Unterholz. Ein leicht feuchter Standort wird von diesen Stauden mit callaartigen Blütenständen bevorzugt. Übrigens: Auch das pfeilförmige Laub, das hellgeadert ist, hat einen hohen Zierwert.

Herbstzeitlose

Die Herbstzeitlose ist eine Zwiebelpflanzen, die man in den Sommermonaten pflanzt. Die zart fliederfarbenen Kelche erinnern an Krokusse, doch bleiben sie zunächst ohne Blätter. Auch der weitere Wachstumsrhythmus der Pflanze ist eigenartig, denn im Frühjahr erscheinen die straff aufrechten Blattrosetten, in deren Mitte sich die walnußgroßen, grünen Fruchtkapseln befinden.

Blätterleuchten

Wenn sich im Herbst allmählich das Laub von
Grün nach Rot, Orange
oder Gelb verfärbt, beleben sich
auch im Schatten manche Stau-

**Der Feuerahorn ist ein Schmuck-
stück für jeden Garten.**

den, denen man soviel Tempera-
ment gar nicht zugetraut hätte.
Doch wenn Sie vorher diese wundervollen Eigenschaften kennen,
können Sie die Pflanzen auch wesentlich attraktiver einsetzen und
den Schatten von einer ganz anderen Seite erleben.

**Sträucher mit einer
auffälligen Herbstfärbung**

- *Feuerahorn (Acer ginnala)*
- *Strauchkastanie
  (Aesculus parviflora)*
- *Kupferfelsenbirne
  (Amelanchier lamarckii)*
- *Japanischer Blumenhartriegel
  (Cornus kousa)*
- *Glockenhasel (Corylopsis spicata)*
- *Perückenstrauch
  (Cotinus coggygria)*
- *Pfaffenhütchen
  (Euonymus europaea)*
- *Federbuschstrauch
  (Fothergilla major)*
- *Zaubernuß
  (Hamamelis x intermedia)*
- *Eberesche (Sorbus aucuparia)*
- *Essigbaum (Rhus typhina)*

Buntes Allerlei in Töpfen
*Im Herbst werden vielfach in
den Blumenhandlungen
Chrysanthemen angeboten.
Diese Kugelbüsche sind dicht
mit Knospen übersät, daher
spielt die Lichtsituation für die
Pflanzen eine untergeordnete
Rolle. Stellen Sie einen leuch-
tendgelb blühenden Topf einfach in den Schatten. Er wird
dort seine Schönheit entfalten
und für einen warmen Farb-
akzent am Wegesrand sorgen.
Sie können auch Eriken, die
im Herbst in Hülle und Fülle
blühend angeboten werden, für
ein schattiges Topfarrangement
verwenden.*

**Perückenstrauch:
Die rotlaubige Sorte
'Royal Purple' zeigt
sich im Herbst als
wunderschöner
dunkelroter Strauch.**
🌱 🪴 🎁 bis 5 m
❗ Herbstfärbung

**Auch Früchte und Laub
des Feuerahorn leuch-
ten in den Herbstwo-
chen in einem beson-
ders intensiven Rot.**
🌱 🍂 🎁 bis 5 m
🐝 VI

**Die Vogelbeere oder
Eberesche ist ein
heimisches Gehölz,
dessen rote Früchte
aus dem gelben
Herbstlaub leuchten.**
🌱 🎁 bis 15 m
❗ zahlreiche Arten
und Sorten

Farne, die ihr Laub zum Herbst einziehen, bezaubern durch das braune Farbenspiel ihrer Wedel und lassen goldbraune Töne erstrahlen.

Tip Natur Buch

Haben Sie bereits für die Winterpause ein dekoratives Gefäß geleert? Zum Beispiel eine Vase aus Gußeisen. Dann sollten Sie es zum Herbst mit einem üppigen Gesteck füllen. Eßkastanienzweige, Eichenlaub, Hagebuttenzweige, Sanddorn und viele andere Herbstattraktionen der Natur lassen sich zu einem floristischen Kunstwerk stecken, das im Schatten einen dekorativen Platz bekommt.

Die Felsenbirne besticht nicht nur durch die herbstliche Laubfärbung, auch die kleinen Früchte haben ihren eigenen Reiz.
bis 12 m
Früchte eßbar

Die beindruckenden Horste des Pfeifengrases wirken bis in den Winter hinein als Schmuckstück im Garten.
bis 2,5 m

Farne beleben mit ihren filigranen Wedeln schattige Ecken und sind auch im Herbst schön anzuschauen.
Boden feucht

Die Bergenien, die sich mit schattigen Standorten übrigens ebenso zufrieden geben wie mit sonnigen, erweisen sich in diesem Punkt als wahre Talente: die dickfleischigen Blattohren färben sich im Laufe des Herbstes in immer leuchtenderen Rottönen. Aber auch von der Elfenblume gibt es einige Sorten, die sich nicht lumpen lassen, was den herbstlichen Schmuck anbetrifft. ■

Blütenpracht zum Jahresausklang

Kombinieren Sie die Blütenpracht des Herbstes so geschickt wie möglich, damit sich der Garten zum Abschied von seiner besten Seite zeigt. Für eine Inszenierung der Blütenpracht werden Sie viel Lob und Bewunderung erlangen.

Suchen Sie für diese Pflanzen Stellen aus, an denen Sie sowohl bei kühlem, als auch bei warmem Herbstwetter häufiger vorbeikommen. Auch Plätze, die vom Fenster aus bewundert werden können, sollten für diese Blumen genutzt werden.

Schneiden Sie auch von den Sommerblühern die attraktiven Samenstände nicht zu früh zurück, sondern lassen Sie diese als Bereicherung der Formenvielfalt stehen. Dabei brauchen Sie nicht zu befürchten, daß es im Garten unordentlich wirkt, denn abgeknickte oder vom Wind zerzauste Horste sollten natürlich ausgelichtet werden. ◼

Die blauen Blüten des Bleiwurz heben sich kontrastreich von den burgunderroten Blättern der Polster ab. Diese Staude sollten Sie an halbschattigen Stellen unbedingt pflanzen. So schaffen Sie ein echtes Highlight für den Übergang von Altweibersommer zum Goldenen Oktober. Zwischen die Polster sollten Sie einige kleine Frühlingsblüher setzen, da der Bleiwurz erst spät austreibt.

Die weißen Blütenkandelaber der Silberkerze kommen gut im Vorgarten zur Geltung. Plazieren Sie diese fast zwei Meter hohe Staude direkt neben der Treppe am Hauseingang: Wenn Sie Ihre Nase mal dichter an die walzenförmigen Blütenstände halten, entdecken Sie den köstlichen Duft. Als Begleiter für diese Silberkerzenart eignen sich die herbstblühenden Arten von Eisenhut. Sie können die Pflanzen auch vor eine dunkelgrüne Koniferenkulisse setzten. Durch den Kontrast entsteht hier ein zauberhaftes Gartenbild.

Der Herbststeinbrech ist ein ungewöhnlicher Vertreter seiner Gattung. Im Herbst erscheinen die wundervollen unregelmäßigen Blüten.

Steinbrecharten wie der Moossteinbrech gedeihen an schattigen Standorten und zeichnen sich durch üppige Blütenfülle und interessante Muster aus.

Für viele der Inbegriff vom Herbst schlechthin: Die prächtigen Chrysanthemen und Astern zeigen im Herbst ihre kräftig gefärbten Blüten und sind auch eine willkommene Bereicherung für den Blumenstrauß aus dem eigenen Garten.

Auf dieser Holzbank im Schatten der Baumkrone lassen sich die heißen Mittagsstunden der Sommermonate genießen.

Zum Träumen und für gesellige Stunden

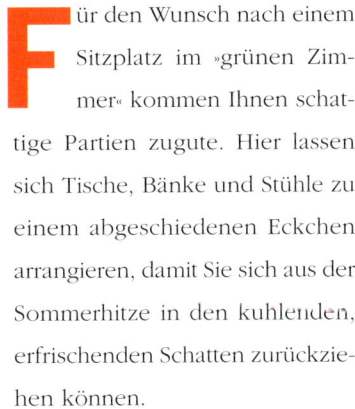

Für den Wunsch nach einem Sitzplatz im »grünen Zimmer« kommen Ihnen schattige Partien zugute. Hier lassen sich Tische, Bänke und Stühle zu einem abgeschiedenen Eckchen arrangieren, damit Sie sich aus der Sommerhitze in den kuhlenden, erfrischenden Schatten zurückziehen können.

Gleichzeitig können stilvolle Möbel die Gesamtgestaltung eines Gartenraumes, insbesondere einer schattigen Partie hilfreich unterstützen.

siehe auch Seite 52

Sie können aber auch den Sitzplatz im Schutze der Bäume mit der Musik von Wasser verbinden. Es hat eine leise, beruhigende Melodie, die sich geradezu anbietet als Ergänzung zu einem lauschigen Eckchen. Mehr dazu auf den Seiten 72 und folgende. ■

Die harmonische Gestaltung lauschiger Eckchen

Die Größe des Sitzplatzes – eine Frage der Nutzung

Eine einzelne Bank, Stühle oder eine ganze Garnitur mit beidem und einem Tisch – ganz allein von Ihren persönlichen Vorstellungen und Bedürfnissen hängt ab, wie der Sitzplatz in Ihrem Garten am besten aussehen soll. Die Grenzen setzt dabei lediglich der vorhandene Platz, der Ihnen für die Nutzung zur Verfügung steht.

Für Familien, die ihren Lebensschwerpunkt in den Sommermo-

Die weiße Bank hebt sich klar und schlicht von dem frischgrünen Laub der Hecke ab.

naten ins Freie verlegen, wird ein großer Platz mit Tisch und Sitzgelegenheiten gebraucht.

siehe auch ab Seite 42

Wenn Sie den Rasen als Untergrund nutzen, so wird er bald unansehnlich sein. Wer dagegen nur einen Hort der Ruhe sucht, kann seinen Sitzplatz zwischen den Schattenstauden, am Ende des Gartenweges oder einfach hinter einer Heckenpflanzung anlegen.

Stilfragen

Sitzplätze sollten grundsätzlich zum allgemeinen Gartenstil passen. Zudem gilt es aber auch, das Wohnhaus und seine Architektur zu berücksichtigen. Achten Sie vor allem bei der Auswahl der Materialien, der Farben und der Strukturen auf ein ausgewogenes Gesamtbild. Zu einem Haus mit technischen Strukturen passen gut moderne Möbel und die klaren Muster von Platten. Naturgärten verlangen nach Schlichtheit. Wer einen romantischen Garten oder ein Haus mit verspielter Architektur hat, ergänzt dies durch schmiedeeiserne Möbel und blumig gemusterte Stoffe. ■

Prachtspieren führt der Handel in zahlreichen Arten und Sorten, von Himbeerrot über Rosavariationen bis zu Schneeweiß.

Natur Buch
Tip

Große Sitzplätze sollten Sie sich ersteinmal auf einem Blatt Papier maßstabsgetreu aufzeichnen. Beachten Sie bei der Grundfläche, daß Sie stets noch ausreichend Platz zum Rücken der Stühle und Bänke brauchen.

Einkaufstips

Die Preise von Gartenmöbeln schwanken stark. Das hängt vor allem mit der Qualität zusammen. Wer die Möbel nicht für die Ewigkeit kaufen will, der kann auch auf preiswerte Ware zurückgreifen. Unbehandelte Holzmöbel können Sie beispielsweise mit einer witterungsbeständigen Lasur (z. B. für Zäune) farbig streichen und auf diese Art auch schützen.

Bei Metallmöbeln sollten Sie vor allem berücksichtigen, daß die Schweißstellen alle sauber verarbeitet sind, und Roststellen unbedingt mit einem Schutzanstrich behandeln. Andernfalls ist nicht nur die Lebensdauer der Möbel begrenzt, sondern es sind auch schwer zu entfernende Flecken an Kleidung, Kissen oder Decken nicht zu vermeiden.

Der Sitzplatz als Gartenraum – Einbindung in das Gefüge

Je harmonischer der Sitzplatz in sich wirkt, desto schneller erweckt er den Eindruck eines eigenen Gartenraumes. Hier einige Hilfsmittel für die Gestaltung:

- Rahmen Sie den Sitzplatz mit kleinen Topfarrangements ein, so entsteht ein harmonischer Übergang zum Garten.

- Greifen Sie bei der Wahl des Tisches die Grundform der befestigten Fläche auf.
- Grenzen Sie den Sitzplatz durch seitliche Wände, z.B. hohe Bambushorste, Sichtschutzwände oder nebeneinandergestellte Kübelpflanzen von der Fläche ab.
- Wählen Sie ein etwas abgelegenes Plätzchen für ein romantisches Refugium aus.
- Führen Sie den Gartenweg nicht direkt zum Sitzplatz, sondern legen Sie eine kleine Biegung hinein. So wird der Blick nicht von Anfang an auf den Sitzplatz geführt, sondern erst nach einem kleinen Umweg.

Eine weiße Gartenbank stellt auf der gleichmäßigen grünen Wand einen markanten Punkt dar, der sich insbesondere von den Proportionen her sehr harmonisch einfügt.

Klassiker – Gartenbänke für jeden Garten

Gartenbänke gehören heute zu den wichtigsten Gartenmöbeln. Sie dienen dabei nicht nur als Sitzgelegenheit am Wegesrand oder in der großen Runde am Tisch, sondern haben mittlerweile auch gestalterisch eine wichtige Funktion.

▌ siehe auch Seite 62

Im Angebot findet man eine große Zahl von verschiedensten Bauarten, die durch das Material zusätzlich variieren. Dabei tritt Plastik und Kunststoff immer mehr in den Hintergrund. Es handelt sich hierbei zwar um einen pflegeleichten und praktischen Werkstoff, doch der Trend zeigt, daß man sich heutzutage wieder auf die stilvollen Materialien Holz und Eisen besinnt. Dabei müssen vor allem Holzmöbel nicht unbedingt teuer sein. Wenn Sie Weichholzbänke auswählen, so können

Sie zwar davon ausgehen, daß diese nicht so lange den Witterungseinflüssen standhalten wie Hartholz, doch mit entsprechender Pflege und einem Schutzanstrich läßt sich auch hier die Lebensdauer deutlich verlängern. Vielfach finden Bänke im Garten einen dekorativen Platz, an dem sie das ganze Jahr stehen. Daher müssen sie optisch etwas darstellen. Ihre Größe wird also nicht

Der Buchs, als Kugelbäumchen auf dem hohen Stamm gezogen, wird begleitet von Begonien, Weihrauch und Efeu, die an halbschattigen und schattigen Plätzen sehr gut gedeihen.

nur von der benötigten Sitzfläche bestimmt, sondern auch von den Proportionen, die sich aus dem Umfeld ergeben. Grundsätzlich

Als Dauerblüher im Sommer hat sich die Fuchsie mit ihren zahlreichen Sorten einen Namen in unseren Gärten gemacht.

sollten Sie aber darauf achten, daß man bequem zu zweit auf der ausgewählten Bank sitzen kann, damit man dieses Plätzchen auch häufig für eine Ruhepause nutzt. Das Gewicht der einzelnen Bank spielt für unseren Zweck keine so große Rolle mehr, denn das Verrücken der Bänke entfällt. Viel wichtiger ist ihre Witterungsbeständigkeit. ■

Materialien, Formen, Farben

Behaglich und Bequem: Holz

Der häufigste Werkstoff bei Gartenbänken ist Holz. Naturbelassen fügen sie sich in bestehende Situationen ein. Machen Sie aber in jedem Fall eine Sitzprobe, ob die jeweilige Bauart auch hält, was sie verspricht. Wenn die Bank nicht breit genug ist, kann es auf die Dauer ungemütlich sein, hier zu sitzen.

Der Stuhl – die schmale Bank

Ähnlich wie die Bank lassen sich auch einzelne Stühle in die Gartenlandschaft integrieren. Sie können einen Stuhl als Zweitsitzplatz verwenden, der bei größeren Festen als zusätzliche Sitzgelegenheit auf die Terrasse geholt wird.

Materialmix

Eisen und Holz sind eine beliebte Kombination bei Gartenmöbeln. Wichtig: Die Übergänge von Holz zu Metall müssen gut verarbeitet sein. Außerdem sollte jedes Material für sich witterungsbeständig sein. Holz muß mit einem offenporigen Lack oder einer Lasur gestrichen werden. Metall braucht einen Rostschutzanstrich oder Schutzlack.

Die Harmonie der Gegensätze

Zwischen den blumigen Wolken der Beetbepflanzung stellt die Bank einen wundervollen Ruhepol dar. Ihr Platz und ihre Form erzielen eine Teilung des Beetes und einen Kontrast zu dem lebendigen Blütentreiben. Ganz abgesehen von solchen gestalterischen Aspekten kann man sich diese Bank inmitten der Blumen unschwer als Lieblingsplatz vorstellen.

Das Angebot an Bänken ist in den vergangenen Jahren stark gewachsen. Sie sollten sich jedoch nicht zu einem Spontankauf hinreißen lassen, sondern sich genau überlegen, welches Material und welche Stilrichtung zu Ihrem Garten paßt. Weiterhin sollten Sie auch praktische Gesichtspunkte wie Pflege, Gewicht und Witterungsbeständigkeit nicht außer Acht lassen. ■

Sicherer Stand

Bei allen Bänken sollten Sie darauf achten, daß die Füße sicher stehen. Hier wurde ein fester Untergrund aus Pflastersteinen gelegt. Siehe auch Seite 44/45. Sie können aber auch im Beet Steine unter die Füße legen, damit sich diese nicht in den Erdboden bohren.

Licht im Dunkel

Am Beispiel dieser Buchenlaube sehen Sie, daß eine weiße Bank viel Licht einfangen kann. Ein ideales Mittel um ein schattiges Eckchen, das trist und dunkel wird, ganz einfach zu beleben. siehe auch Seite 54/55.

Edles Einzelstück

Derartige Gartenbänke gehören zu den Raritäten. Das Muster des Gußeisens und die zartgrüne Farbe geben dem Unikat seine Ausstrahlung, die manch artenreiche und blumige Bepflanzung absonniger Gartenbereiche ersetzt.

Naturnah

Eine Bank aus einfachen Holzstämmen paßt wundervoll in Naturgärten. Beachten Sie jedoch, daß die Oberfläche nach Regenwetter glitschig ist, besonders, wenn die Bank unter Bäumen steht.

Reichlich Patina

Steinbänke werden selten aufgestellt. Sie haben zwar ein großes Gewicht, doch hat man Sie erstmal an Ort und Stelle transportiert, muß man sie nicht mehr bewegen. Das Moos malt an einem schattigen Standort von alleine seine Muster auf die graubraunen Bänke.

Suchen Sie sich einen passenden Grund

Für die Wirkung der einzelnen Sitzgelegenheit ist es wichtig, einen Untergrund zu finden, der gut zu der jeweiligen Situation paßt. Schließlich entsteht nur dann eine stimmige Gestaltung, wenn sich die Bank harmonisch ohne krassen Kontrast vom Untergrund abhebt. Sie können dabei zwischen einem festen und einem wassergebundenen Untergrund wählen.

| siehe auch Seite 44/45

Ideal sind befestigte Flächen, die etwas größer sind als die einzelne Bank oder ein Stuhl.

Aus einem Guß

Grundsätzlich sollten Sie alle Bodenbeläge im Garten so wählen, daß sie zusammenpassen. Dies gilt auch, wenn die Bereiche, in denen das Material verwendet wird, weiter voneinander entfernt liegen. So entsteht eine Verbindung, die einen harmonischen Eindruck erzeugt.

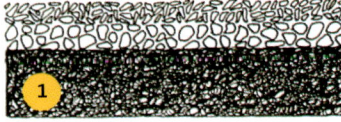

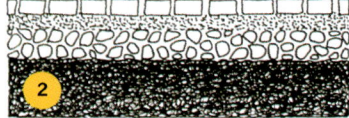

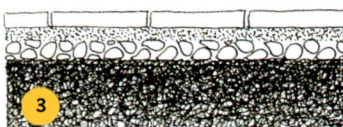

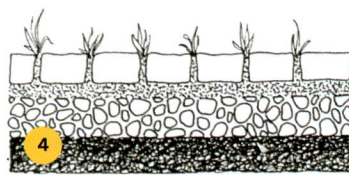

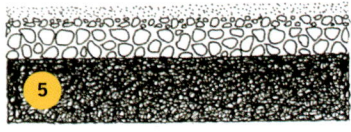

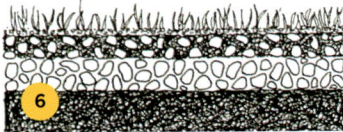

1 *Gebrochener Naturstein Rauhe Oberfläche: Die rauhe Oberfläche eines gebrochenen Natursteins fügt sich leicht in die Gestaltung einer Sitzgelegenheit ein. Die natürliche Wirkung wird zudem dadurch unterstützt, daß sich Moose und Algen darauf ansiedeln. Bei größeren Plätzen wirkt dies eher störend.*

2 *Wassergebundene Bodenbeläge Rindenmulch ist ein idealer Bodenbelag für waldartige Schattengärten. Der Untergrund ist weich und sehr angenehm zu begehen. Die Übergänge zu den Beeten können recht nahtlos gestaltet werden.*

3 *Kies – Die runden Steine des Kieses gibt es in unterschiedlichen Korngrößen. Als Untergrund sollte der Kies nicht zu grob sein, damit er eine gute Standsicherheit bietet.*

4 *Splitt – Dieses Material fällt beim Brechen von Natursteinen an. Es ist im Vergleich zu Kies recht scharfkantig und eignet sich gut für die Kombination von einem Sitzplatz und einem Beet. Wählen Sie dabei den Splitt so, daß er zu den im Garten verwendeten Plattenbelägen paßt.*

5 / **6** *Durch kleine Polsterstauden und Bodendecker (siehe Seite 16) können Sie die Übergänge zwischen Splitt und Mutterboden verwischen.*

Im Schutze der Mauer

Das dichte Blattwerk des Wilden Weins begrünt die Wand. Diese Mauer ist zum einen der Grund für die schattige Situation, zum anderen findet der Sitzplatz hier eine Anlehnung und wirkt ungemein gemütlich. Dabei hilft eine Wandbegrünung.

Als Einheit erkennt man diese kleine Oase der Ruhe aber auch durch den Plattenbelag rund um die Bank. Hierbei wurden Polygonplatten verlegt. Sie wirken durch die unterschiedlichen Kanten natürlich und locker. Die graue Farbe dieses Bodens ist ein angenehmer Kontrast zu der braunen Bank.

 Natur Buch

Verwenden Sie in schattigen Bereichen unter Bäumen möglichst kein Holz als Bodenbelag. Bei Feuchtigkeit und auch bei Minusgraden wird ein Untergrund aus Holzplanken oder Holzscheiben nämlich sehr glatt und ist dann nicht mehr sicher. Verwenden Sie lieber Rindenmulch als Untergrund.

Pflasterkreise

Der Boden wurde mit kleinem Natursteinpflaster belegt. Dabei hat man als Grundform den Kreis gewählt, der mehrfach ineinander verschlungen ist. Das Spiel mit dem runden Grundmuster sollte aber im Garten kein Solo sein. Der Kreis sollte sozusagen ein Motto in der Gesamtgestaltung werden. Sie können zum Beispiel runde Beete anlegen, eine Treppe aus halbkreisförmigen Stufen gestalten und einen kreisrunden Teich bauen. Hübsch dazu sind kugelförmige Büsche und formgeschnittene Buchsbäume.

So kann man im Zweifelsfall aus der kleinen Ruheinsel einen größeren Platz machen, auf dem gefeiert werden kann. Zudem setzen Sie auf diese Art und Weise Akzente: Auf der einen Seite der unbepflanzte, befestigte Platz, auf der anderen Seite Beete mit Blüten- und Blattschmuck, die eine deutliche Aufwertung bekommen. Natürlich sollte die Pflanzendecke dann auch ganzjährig geschlossen sein, damit hier eine angenehme, gemütliche Atmosphäre entsteht. ■

Tête-à-Tête
im Staudenbeet

Wie Sie im ersten und dritten Kapitel lesen können, ist der Schatten ein Standort, an dem viele Stauden gedeihen. Dadurch bietet sich die

dieser Umgebung fällt es leicht, mal ein bißchen zu entspannen. Nicht immer jedoch sind die Schattenspender große Bäume. Vielfach reduzieren auch Mauern die Sonnenstrahlen. Damit in ihrem Schutze das Staudenbeet möglichst einladend wirkt, sollten Sie mit Hilfe von Kletterpflanzen für eine schmucke Kulisse sorgen. Wenn Sie allerdings auf schlin-

gende und rankende Gewächse zurückgreifen möchten, dann müssen Sie an den Wänden oder Mauern ein Rankgerüst aus Holz oder Metall anbringen. Nur so können sich die Pflanzentriebe auch tatsächlich in die Höhe ziehen. Wilder Wein und Efeu sind dabei die einzigen, die sich mit Haftorganen auch an einer ebenen Fläche Halt suchen können. ■

Diese Pfeifenwinde gedeiht im Schatten üppig, wenn der Boden feucht ist. Das Laub haftet auch im Herbst noch lange an den Zweigen.

Möglichkeit, mit Hilfe von bunt blühenden Rabatten den Schatten zu beleben. Und wenn man sich schon so viel Mühe gibt, dann will man schließlich die Pracht auch ausgiebig genießen. Das heißt: Ein Sitzplatz muß her, denn in

Der Wilde Wein überwächst rasch nord- oder ostseitige Mauern und Zäune und kann auch an großen Bäumen gezogen werden. Beeindruckend ist die herbstliche Laubfärbung.
bis 10 m
VI–VII Ranker

Waldgeißblatt: Für die Nähe von Sitzplätzen ist es besonders gut geeignet, da die weißgelben oder rosaroten Blüten einen wunderbaren Duft verbreiten.
bis 7 m
VI–VII

Waldrebe: Es gibt viele Arten und Sorten, wobei man vor allem zwischen den Wildarten und den großblumigen Hybriden unterscheiden sollte. Wählen Sie hellblühende Sorten, deren Blütezeit über mehrere Wochen andauert.
bis 10 m
VII–IX

Die Bergwaldrebe wächst üppig und stellt keine besonderen Standortansprüche. Sie kann rasch große Flächen begrünen.
🌱 🎁 **bis 8 m**
❀ **Sommer**

Knöterich: Vielfach wird diese Pflanze auch Architektentrost genannt, da sie so üppig wächst. Wunderschöne Herbstfärbung und weiße Blütenrispen.
🌱 🎁 **bis 12 m**
❀ **VII–IX**

Hier im Schatten des Baumes könnte man sicher den ganzen Sommer über sitzen und die Ruhe genießen. Aber schon etwas früher, wenn die ersten warmen Frühlingstage da sind, der Apfelbaum blüht und die kleinen Blätter noch viele Sonnenstrahlen an die Erde lassen, wird man die eine oder andere Mittagsstunde hier verbringen. In dieser Jahreszeit kann man auch das Schildblatt in seiner Blütenpracht bewundern. Im Juni verzaubern ebenfalls von der etwas feuchteren Seite die Etagenprimeln mit ihren Blüten dieses Garteneckchen. Sie übergeben die Hauptrolle jedoch nun auch auf die andere Seite des Sitzplatzes, wo die Prachtspieren zwischen den Farnwedeln hindurch ihre Rispen entfalten. Auch die Zwergspieren erblühen im Vordergrund. Davor sorgt das Blattwerk der Funkien für einen dauerhaften Schmuck. Wählen Sie möglichst hellbelaubte Funkienarten aus, die hübsche Lichteffekte produzieren.

Im Schatten der Bäume

Bäume und Menschen haben seit Urzeiten eine besondere Beziehung. So sind auch die Ursprünge der Gartenhäuser bei den Bäumen zu suchen. Die Laube ist ein geschützter Ort, an dem das Blattwerk für ein Dach sorgt. Jeder stattliche Baum bildet quasi eine Laube. Wer einen Baum im Garten hat, sollte eine Bank um den Stamm bauen. Denn hier können Sie wundervoll mit Freunden plaudern oder ein Buch lesen. ■

Das fleißige Lieschen gedeiht prächtig an halbschattigen Plätzen. Hier ein Beispiel, wie schön sich ein solcher Blütenteppich unter einem Baum machen kann. Es bevorzugt feuchte, aber keine staunasse Erde. Auch hier hält der Handel zahlreiche Sorten bereit.

Das Frühjahr ist die Zeit, in der man es kaum erwarten kann, die Gartenmöbel wieder ins Freie zu räumen, besonders wenn ein so schöner Platz zur Verfügung steht.

Ein idealer Platz für heiße Sommertage: Ein dauerhafter Sitzplatz in Form einer Steinbank unter einem Baum. Ein kleines Beet rundet alles ab.

Wo feiert, redet und ißt es sich besser als im Schatten der Laubkrone eines Baumes. Hier läßt es sich auch an den heißesten Sommertagen aushalten.

Je älter ein Baum ist, desto schöner und gemütlicher wird sein »Stammplatz« für die ganze Familie. Zumal auch mit dem zunehmenden Stammumfang immer mehr Platz auf der dekorativen Bank zur Verfügung steht. In der Regel baut man eine solche Bank maßgerecht passend zum Baum oder läßt sie von einem Schreiner bauen. Beachten Sie, daß diese Bank bei einem dünnen Stamm nicht zur Wirkung kommt. Ein gewisses Alter muß der Baum schon haben, um zu dieser Ehre zu kommen.

Der Trompetenbaum ist ein idealer Baum für Sitzplätze. Er treibt spät im Frühjahr aus, so daß man die ersten warmen Tage in der Sonne genießen kann. Wenn es heißer wird, hat sich das Laub entfaltet und spendet Schatten.

Krokusse eignen sich gut, um im Laufe der Jahre natürlich verstreut im Rasen das Frühjahr einzuläuten. Doch bis sich Eigendynamik eingestellt hat, muß man Jahr für Jahr die Krokuswiese durch zahlreiche Zwiebeln ergänzen. Der Rasen darf nach der Blüte erst gemäht werden, wenn das Laub der Krokusse vergilbt ist. Besonders zart und hübsch wirkt der Elfenkrokus.

Je größer die Runden, die sich im kühlen Schatten treffen, desto mehr Sitzplätze muß man im Garten haben.

Feiern, Feste, Feten

Ein Platz für gesellige Stunden läßt sich im Schatten sehr gut einrichten. Besonders günstig ist, wenn dieses Eckchen etwas geschützt liegt, so daß man gleichzeitig einen gewissen Lärmschutz für Nachbarn bieten kann. Beim Bodenbelag müssen Sie unbedingt darauf achten, daß das Material pflegeleicht ist. Je glatter die Oberfläche der Steinplatten ist, desto leichter lassen sich Krümel und Schmutz mit dem Besen zusammenkehren. Bei der genauen Wahl der Fläche sollten Sie berücksichtigen:

- Morgensonne am Sitzplatz ist eine positive Begleiterscheinung. So kann der Platz am Wochenende auch in den kühleren Vormittagsstunden bereits genutzt werden.

- Ein abgesenkter Sitzplatz hat nicht nur klimatisch den Vorteil, daß sich warme Luft hier sammelt, sondern bietet auch die Möglichkeit, durch das Abfangen des Erdreiches mit Mäuerchen eine Vielzahl von Sitzgelegenheiten für viele Besucher zu improvisieren.

- Als Ergänzung zum Festplatz im Schatten sollten Sie eine Terrasse oder ein weiteres Eckchen zum Ausweichen haben, damit Sie auch kühlere Tage im Freien verbringen können.

- Der Schattensitzplatz sollte leicht über den Gartenweg zu erreichen sein.

Wunderschöne romantische Züge zeigen diese Gartenmöbel, ohne dabei zu verspielt zu wirken.

- Legen Sie an den Sitzplatz einen elektrischen Anschluß. Das erweist sich bei Festen und in den Abendstunden als sehr nützlich.

Die einfachen Strukturen dieser Gartengarnitur verbinden sich harmonisch mit jedem Gartenstil.

- Die mehrere Quadratmeter große Fläche sollte sich durch Stauden- und Strauchpflanzungen in das Gesamtbild einfügen. Sie können aber auch schattenverträgliche Kübelpflanzen wie beispielsweise die Engelstrompete an den Sitzplatz stellen. Anregungen hierzu finden Sie ab den Seiten 50/51. ∎

Bodenbeläge
fachgerecht verlegt

Feste Bodenbeläge

1 *Zunächst stecken Sie die Fläche genau ab und kennzeichnen mit einer Maurerschnur die Ränder. Nun koffern Sie den Boden auf eine Tiefe von 20 cm aus.*

2 *Jetzt wird eine Schicht aus gewaschenem Kies eingebracht und gut verdichtet. Sie sollte eine Stärke von 10 cm haben. Darauf kommen 5 cm Sand.*

3 *Auf die geglättete Oberfläche legen Sie nun die Platten beziehungsweise das Pflaster. Mit einem Pflasterhammer schlagen Sie die Steine in den Sand, so daß keine Hohlräume mehr vorhanden sind.*

4 *Zum Abschluß wird mit dem Besen Sand in die etwa ein Zentimeter breiten Fugen gekehrt. Der Sand wird mit Wasser eingespült und solange nachgefüllt, bis die Fugen ganz geschlossen sind.*

Bei einem großen und häufig genutzten Platz für Feste kommen Sie nicht umhin, für einen befestigten Boden zu sorgen.

| siehe auch Seite 36

Dabei können Sie zwischen einem festen Belag aus Platten, Pflaster oder Klinker und einem wassergebundenen Belag mit Kies, Splitt, Sand oder Rindenmulch wählen. Ganz wichtig beim Verlegen: Sie müssen sauber und eben arbeiten, damit keine Unebenheiten entstehen. Wer ungeübt ist in solchen Arbeiten, sollte daher lieber einen Fachmann zu Rate ziehen. Hilfreich beim Arbeiten ist eine Rüttelplatte, die Sie sich bei Landschaftgärtnern oder im Fachhandel ausleihen können. ■

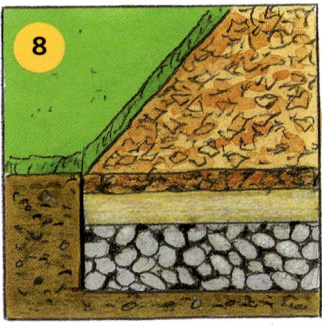

Wassergebundene Bodenbeläge:

5 *Auch bei wassergebundenen Bodenbelägen ist ein stabiler Unterbau wichtig. Zunächst wird ebenfalls die Fläche ausgemessen, gekennzeichnet und anschließend 35 Zentimeter tief ausgehoben.*

Wenn Sie feste Ränder wünschen, wird die Fläche um die Stärke der Kantensteine vergrößert. Diese werden als erstes in Magerbeton verlegt. Anschließend schichten Sie Kies (etwa 20 cm) **6** *und Splitt beziehungsweise Sand (etwa 10 cm)* **7** *aufeinander. Jede einzelne Schicht muß gut verdichtet werden.*

8 *Als Deckschicht wird der Belag aus Kies, Splitt oder einem anderen Material aufgetragen. Diese sollte nicht höher als fünf Zentimeter sein und wird mit einem langen Kantholz sauber glattgestrichen.*

Eine komfortable Alternative

Der Rasen ist zwar nicht der ideale Untergrund für einen Sitzplatz, aber gerade wenn man ein Plätzchen im Schatten sucht, bleibt einem nicht viel anderes übrig, als sich unter dem alten Kirschbaum einzurichten oder das schützende Blätterdach der Buche auszuwählen. Dabei ist eine solche Runde für die Familie nicht der Hauptsitzplatz, sondern eine Ausweichmöglichkeit für die extrem heißen Wochen im Jahr. Die übrigen sonnigen Wochen und Monate werden Sie auf der Terrasse verbringen, wo alles auf Sitzen, Entspannen und Feiern eingerichtet ist.

Als Möbel sollten Sie möglichst schlichte Modelle aussuchen und vor allem für Tisch, Stühle und Bank möglichst ein und dasselbe Fabrikat wählen. Auf diese Art und Weise entsteht nämlich auch bei einem solchen Sitzplatz eine Einheit. Gleiche Möbel wirken wie eine Klammer, die das En-

Der richtige Rasen

Wählen Sie für Ihren Schattengarten eine besonders robuste Rasenmischung aus, die zum einen damit klar kommt, daß weniger Licht vorhanden ist und zum anderen für eine starke Belastung durch Betreten geeignet ist. Eine zusätzliche Stabilität der Grasnarbe an Stellen, die häufiger betreten werden, können Sie dadurch erreichen, daß Sie mehrmals eine sehr dünne Splittschicht gleichmäßig ausbringen. Lassen Sie aber immer erst das Gras soweit durchwachsen, daß der Rasen lückenlos geschlossen ist. Danach eine weitere Splittschicht ausbringen.

Werden Rasenflächen dauerhaft genutzt, um hier Gartenmöbel aufzustellen, sollten Sie eine robuste Rasensorte wählen oder den Untergrund verstärken.

Die honigbraunen Holzmöbel kommen auf der grünen Rasenfläche gut zur Geltung und stellen eine Einheit dar. Durch den schlichten Stil passen derartige Garnituren zu fast jedem Garten.

Egal ob Frühling, Sommer oder Herbst. Mit leichten transportablen Möbeln können Sie sich überall dort einrichten, wo es Ihnen gerade am besten gefällt.

Tip Natur Buch

Rasenpflege: Damit der Rasen nicht allzu sehr unter der sommerlichen Nutzung als Untergrund des Sitzplatzes leidet, sollten Sie ihn nicht zu kurz schneiden. Außerdem wird er in der Zeit vorher und nachher etwas intensiver gepflegt. Düngen und Vertikutieren sind sehr wichtig, denn gerade im Schatten bildet sich leicht Moos in der Grasnarbe, so daß nur schlecht Luft an die Wurzeln kommt. Auf diese Art und Weise können Sie vermeiden, daß man die Stelle des Zweitsitzplatzes auch ohne Möbel sofort entdeckt.

semble zusammenhält. Achten Sie beim Einkauf der Möbel darauf, daß die Modelle möglichst großflächige Standflächen haben. Anderenfalls bohren sich nämlich die Stuhlbeine allzu leicht in den Boden. Darunter leidet nicht nur der Rasen an sich, sondern auch die Sicherheit für denjenigen, der auf diesem Stuhl Platz nimmt. Wollen Sie den Platz trotzdem öfter nutzen, helfen auch einzelne Steinplatten als Unterlage im Rasen. Eine gute und preiswerte Lösung für den Zweitsitzplatz sind auch Klappmöbel. Diese sind leicht zu transportieren und lassen sich bei Nichtgebrauch auch sehr gut im Keller oder in einem Gartenhäuschen verstauen. Zudem haben Sie mit den Klappmöbeln immer ein paar Plätze in Reserve, falls sich einmal spontan eine größere Runde bei Ihnen versammelt. ■

Kein Sommer ohne Grillparty

Grillen – das ist für viele der Inbegriff von Sommer, Garten und Freunden. In manchem Jahr kommt man aus dem Feiern gar nicht mehr heraus und da erweist es sich als ungeheuer praktisch, wenn man den Sitzplatz ein wenig darauf ausgerichtet hat. Meist braucht man zum Grillen mehr Platz als sonst. Wer nicht auf den Rasen ausweichen möchte, um ihn zu schonen, der wählt gleich eine etwas größere Fläche aus. Wenn nicht gefeiert wird, kann man hier den Sandkasten oder das Planschbecken für die Kinder aufbauen oder ein Topfarrange-

Manchen Sommer heißt es jedes Wochenende grillen. Dann merkt man wie praktisch es ist, wenn man direkt am Grillplatz einige Nischen hat, wo die Utensilien geschützt abgelegt werden können. Wenn diese gemauerten Kästen wasserdicht sind, kann man hier sogar die Holzkohlenvorräte unterbringen. Zudem sind die Flächen ideal, um das vorbereitete Grillgut wie Saucen, Salate und Getränke aufzustellen, so daß sich jeder bedienen kann.

Kein Gartenfest, ohne daß der Grill befeuert wird. Nicht nur für Erwachsene ist diese Art, das Essen zuzubereiten, ein besonderer Spaß, sondern auch Kindern gefällt das Kochen über dem offenen Feuer.

Wenn die Runde groß wird, sind Mäuerchen eine willkommene Erweiterung für die Sitzgelegenheiten. Auch wenn diese Gestaltung auf den ersten Blick ungewöhnlich wirkt, sollten Sie den Vorteil nicht unterschätzen. Schließlich hat man schnell einmal unerwartete Gäste.

Schnell und sicher haben Sie diesen Grill aufgestellt. Der Ständer hat drei Metallstäbe. An diesen hängen Eisenketten, die die Schale für Holzkohle halten. Direkt auf diese Schale wird der Grillrost gelegt.

ment mit schattenverträglichen Kübelpflanzen wie Fuchsien oder Engelstrompeten aufstellen. Achten Sie darauf, daß die Pflanzen immer ausreichend Wasser haben, denn im Schatten von Bäumen gelangt weniger Regenwasser auf den Boden und wenn die Luft durch die Witterung trocken und warm ist, dann verdunsten auch die Pflanzen, die nicht in der prallen Sonne stehen, viel Wasser. ■

Pflegeleichte Böden

Wer im Garten regelmäßig und häufig grillt, sollte einen Bodenbelag wählen, der unempfindlich gegen Fettspritzer ist. Anderenfalls hinterläßt das Feiern nämlich unschöne Flecken auf den Platten. Falls sich am Untergrund nichts ändern läßt, beispielsweise bei einem Mietverhältnis, sollten Sie dünne Platten zumindest unter dem kritischen Bereich des Grills auslegen.
So vermeiden Sie unnötigen Ärger und viele Mühen.

Tip Natur Buch

Wer im Schatten grillt, sollte darauf achten, daß keine Äste im Bereich des Rauchabzugs hängen. Die Temperaturen sind nämlich auf die Dauer so hoch, daß die Zweige verbrennen. Darunter leiden Bäume und Sträucher erheblich, und zudem zerstört man unter Umständen die typische Wuchsform. Ideal zum Grillen sind Plätze im Schatten von Wänden und Mauern.

Die rosaroten Blüten der Bergenien leuchten aus der grünen Kulisse und beleben das Muster der Strukturen.

Die Kunst der Gestaltung

Der Wuchs, die Blütenfarbe und -form sowie die Blätter mit Zeichnungen, Strukturen und Größe machen eine Pflanze aus. Dabei ist es eine Kunst, die Eigenschaften so einzusetzen, daß eine schöne Gesamtwirkung entsteht. In schattigen Bereichen herrschen zudem noch eigene Gesetze, da hier die Lichtverhältnisse ganz andere Effekte erzeugen.

Insbesondere bei der Frühlingsflora der absonnigen Bereiche fällt die Gestaltung etwas leichter, denn hier steht die Natur Modell.

siehe auch Seiten 12/13

Doch bei den Sommerblühern sollten Sie etwas genauer hinsehen und sich mit der Gestaltung beschäftigen. Lernen Sie die Besonderheiten der Farben und der Formen von Schattenpflanzen im folgenden Kapitel kennen. ■

Das Spiel mit dem Licht

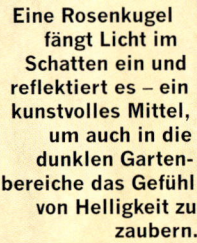

Während man in sonnigen Gartenpartien lediglich die Farben als solche aufeinander abstimmt, muß man sich

Gräserblüten, die dicht mit Tautropfen benetzt sind, haben etwas Malerisches. Solche Bilder sind reizvolle Begleiterscheinungen einer ausgeklügelten Planung.

im Schatten ganz anders damit auseinandersetzen. Wie wirkt die Farbe, wenn kein Licht darauf fällt? Welche Farben erzeugen selbst im Dunkel Helligkeit? Das sind Fragen, die man ganz genau bedenken muß, um dem Mangel an Sonnenlicht möglichst viel Positives abzugewinnen.

Die Pflanzen und ihr Farbspektrum werden auf den folgenden

Seiten genauer behandelt. Doch auch den verwendeten Materialien kommt bei dem Spiel mit Licht eine ganz wichtige Rolle zu. Hier seien als Beispiel nur die Gartenbänke erwähnt, auf deren gestalterische Funktion bereits ausführlich eingegangen wurde.

Wege und Plätze farblich einbinden

Wie sollte der Bodenbelag von Wegen und Treppen gestaltet sein? Wenn Sie beispielsweise

Hortensien gehören zu den Sträuchern, die auch im Schatten ihre Blüten wundervoll entfalten. Die Blütenfarbe können Sie durch Alaun von Rosa nach Blau verändern.

Eine Rosenkugel fängt Licht im Schatten ein und reflektiert es – ein kunstvolles Mittel, um auch in die dunklen Gartenbereiche das Gefühl von Helligkeit zu zaubern.

dunklen Rindenmulch verwenden, erzeugen Sie natürlich keine helle Stimmung. Trotzdem erinnert ein solcher Gartenweg an die verschlungenen und verschwiegenen Waldwege und vermittelt dadurch eine harmonische Atmosphäre. Wenn Sie dagegen helle Granitsteine oder auch Betonplatten verwenden, zieht sich ihr Verlauf wie ein Lichtsaum durch den Schatten. Das kann aber recht befremdlich wirken, wenn die hellen Farben nicht weiter aufgenommen werden. Sie können beispielsweise eine Randbepflanzung in Pastelltönen einfügen und allmählich immer stärker mit dunkelgrünen Tönen durchsetzen. Bei einer größeren Fläche, wie einem Sitzplatz, kann der helle

Natur Buch

Zinkgefäße und Accessoires aus diesem Metall haben die Eigenschaft, daß sie sehr hell wirken. In modernen Gärten können Sie hiermit nicht nur Licht einfangen, sondern dem ganzen Gartenraum eine besondere Note verleihen.

Die Treppe wird von dekorativen Blättern der Funkie gesäumt. Ihr Laub erinnert an die schwungvollen Formen des Jugendstils.

Bodenbelag dagegen auch als einzelner heller Fleck gut wirken. Schließlich kennt man aus dem Wald ja das Phänomen der Lichtung, an die ein solcher Platz dann erinnert. Auch wirken hier plazierte Möbel auflockernd. Entweder sind diese dunkler und dämpfen das Licht, oder sie sind heller und frischen das Ensemble auf. ■

Die stattlichen Horste des Pampagrases und die glänzend silberweißen Blütenrispen sind ein Blickfang in jedem Garten. Es wird bis zu 2,50 m hoch und blüht von September bis November. Im Winter sollte man es mit Fichtenreisern schützen.

Licht im Schatten
Geschickt plaziert, bringen Pflanzen mit hellen Blüten oder Blütenständen Licht in dunkle Ecken. Auch Pflanzen mit hellem Blattwerk leisten einen Beitrag zur Aufhellung. Sie reflektieren Licht und sorgen für eine freundliche, romantische Atmosphäre. Wie schön solche Lichteffekte wirken können, zeigen die nebenstehenden Abbildungen.

Die leuchtenden Blüten der Chrysanthemen kommen hier besonders gut vor einer Buchenhecke zur Geltung.

Astern wirken im herbstlichen Garten wie helle Farbtupfer zwischen den Koniferen und Azaleen – eine Kulisse, die leuchtende Blütenfarben besonders schön zur Geltung bringt.

Besonders zart und filigran wirken Grasrispen im Gegenlicht.

53

Im Frühsommer verschwindet das
grüne Polster des Moossteinbrechs
vollständig unter den zahlreichen
roten Blütenschalen.

Die Ausstrahlung der Farben

Farben haben in den schattigen Gartenbereichen eine ganz besondere Aufgabe. Sie müssen den Mangel an Licht ersetzen. Hier sind vor allem die hellen Blütenfarben und die hellen Blattzeichnungen eine besondere Hilfe. Sie wirken wie Reflektoren, zumal sie sich von einem dunklen Hintergrund – beispielsweise einer Gehölzkulisse oder einer Hauswand – besonders gut abheben.

Manche Blütenfarben sind im Schatten tatsächlich problematisch. Nehmen wir beispielsweise den Bereich von Dunkelblau und Blauviolett. Diese Farben heben sich ohne direktes Sonnenlicht nur schlecht von der Blattkulisse oder ähnlichem ab. Man sollte derartige Pflanzen grundsätzlich mit hellen, belebenden Farben kombinieren. Bei den Frühlingsblühern sieht das schon anders aus, da das Blattwerk zu Beginn des Gartenjahres meist noch frischgrün und noch nicht so dicht ist wie im Sommer.

siehe auch Seite 12

Im Vergleich zu den dunklen Blautönen wirken helle Farben gleich viel auffälliger. Das gilt im Grunde für alle Pastelltöne. Die warmen Farben, wie Rot und Gelb, leuchten im Schatten und erzeugen eine gewisse Spannung.

Warme, leuchtende Farben schaffen wunderschöne Gartenbilder, hier am Beispiel vom Sauerampfer.

Sie kommen besonders gut vor einer Kulisse aus rötlichem Laub zur Geltung.

In schattigen Beeten geben nicht nur die farbigen Blüten den Ton an, sondern auch die unterschiedlichen Grüntöne wollen sorgsam aufeinander abgestimmt sein.

In Bezug auf die Farbigkeit muß man im Schatten übrigens auch viel stärker auf die Grüntönungen der Blätter achten.

siehe auch Seite 64

Hier gibt es zahlreiche Möglichkeiten, zusätzliche gestalterische Aspekte mit ins Spiel zu bringen. ■

Sommerblüher: ein Überblick

Akelei

Die Akelei zeichnet sich durch zarte, aber große Blüten aus, die in den Frühsommermonaten den Schatten beleben. Die Blätter ziehen meist nach der Blüte vollständig ein, und erst wenn es im Spätsommer wieder feuchter wird, treiben sie frisch aus. Die Farben der Blüten: lila, blau, weiß, rosa, gelb, rot. Es gibt zahlreiche Arten und Hybriden.

Eisenhut

Von Juli bis Oktober findet man immer eine Eisenhutsorte, die an langen Rispen ihre helmförmigen blauen Blüten öffnet. Für das Wachstum ist ein feuchter, nahrhafter Boden nötig (giftig!).

Geißbart

Der Geißbart bildet fast 2 m hohe dichte Horste. Die zartgrünen Blätter nehmen den unteren Teil der Solitärstaude ein und die cremefarbenen Blütenrispen stehen ab Juni darüber. Ein durchschnittlicher Gartenboden reicht dem Geißbart als Nahrung, er sollte jedoch frisch sein.

Sterndolde

Die kleinen doldenartigen Blüten kommen durch ihre silbrigen Hüllblätter besonders intensiv zur Geltung. Die Farbe der Blüten variiert von weiß bis rosa. Das Laub ist handförmig geteilt. Die Horste erreichen eine Höhe zwischen 50 und 70 cm. Der Boden sollte frisch und humos sein.

In den lichten Schattensituationen lassen sich lebhafte Farbtupfer aus sommerblühenden Stauden zaubern. Dabei sorgen besonders Gräser, Farne und Blattschmuckstauden mit ihren attraktiven Blättern und Silhouetten für auflockernde Akzente.

siehe auch Seite 64/65

Beachten Sie auch, daß einige Schattenstauden wie Akelei und Wiesenraute nach der Blüte das Laub einziehen, so daß Lücken entstehen. Daher sollten Sie diese Stauden locker zwischen andere mischen, damit die Löcher nicht allzusehr auffallen. ■

Kreuzkraut

Neben den wunderschönen gelben Blüten haben auch die großen, dekorativen Blätter zur Berühmtheit des Kreuzkrautes beigetragen. Beachten Sie aber, daß die ärgsten Feinde des Laubes die Schnecken sind, die sich hier ausnahmsweise mal als schnell erweisen.

Wiesenknöterich

Der heimische Wiesenknöterich zeichnet sich durch eine lang anhaltende Blütezeit von Mai bis Juli aus. Sehr schön lassen sich mit dieser Staude die Übergänge von sonnigen zu schattigen Beeten gestalten.

Scheinmohn

Wer in seinem Garten einen kalkfreien, sauren Boden hat, der zugleich humusreich ist, der kann sich diese ungewöhnliche Schönheit in den Garten holen. Besonders attraktiv ist dieses Mohngewächs zusammen mit Rhododendren. Blütezeit von Juni bis August.

Waldstorchschnabel

Diese zarte Schönheit fühlt sich im Schatten ausgesprochen wohl. In den Monaten Juni und Juli schmückt sich der Waldstorchschnabel mit rosa, lilablauen oder weißen Blüten.

Wenn Wind, Vögel und Wasser dem Gärtner assistieren

Die schönsten Gartenbilder entstehen, wenn sich die Natur ihren eigenen Weg sucht. Jedes Jahr gibt es neue Überraschungen, welche Blumen vom Winde wohin verweht wurden. Genauer gesagt: welche Samen. Dabei gibt es einige Stauden, die sich besonders gerne diesen Spaß machen und im Garten vagabundieren. Zu diesen »rastlosen« Pflanzen zählt beispielsweise der Frauenmantel, der im Frühsommer wunderschöne gelbgrüne Blütenwolken ausbreitet. Auch das scharf gezahnte Laub ist sehr dekorativ. Ebenso ist der Fingerhut nicht aufzuhalten. Das Schöne an seinem Ausbreitungsdrang: Die Blütenfarbe variiert von hell- bis dunkelrosa, und die flächige Verwendung wirkt so sehr stimmungsvoll. Ebenso sollten Sie die Akelei nach der Blüte nicht abschneiden, sondern warten, daß die Samenkapseln reifen und sich schließlich von alleine öffnen. ■

Erst in der Masse kommen die wunderschönen Rispen des Fingerhutes richtig gut zur Geltung. An diesem Beispiel sehen Sie auch, wie harmonisch die rosaroten Farben zu dem braunroten Klinkermauerwerk passen.

Beetbegonien sind ideale Lückenfüller für schattige Beetpartien. Die einzelne Pflanze wächst im Laufe des Sommers zu stattlichen Büschen heran. Die Blätter sind je nach Sortengruppe grün oder bräunlich gefärbt.
■ 20 cm VI–IX

Die Telekie braucht einen halbschattigen Platz mit einem eher feucht–frischem Boden. Sie eignet sich sehr gut zum Verwildern und ist eine Bereicherung für jeden Naturgarten.
2 m VI–VIII

Die Wiesenraute hat große lila bis purpurne Blütendolden, die an einen Wattebausch erinnern.
1 m V–VI

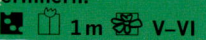

Natur Buch

Wenn sich Sämlinge an einer Stelle ansiedeln bedeutet das meistens, daß ihnen dieser Platz sehr gut behagt. Sie werden sich dort mit großer Sicherheit entsprechend wüchsig zeigen, so daß Sie diese Vagabunden ruhig gewähren lassen sollten.

Das Fleißige Lieschen trägt seinen Namen zu Recht: Die dauerhaften Blüher wachsen rasch und eignen sich nicht nur für den Balkonkasten.

Die Gauklerblume zeigt sich am feuchten Ufer als besonders wüchsig. Die Blütenfarben variieren von Gelb über Orange bis Rot, da sich die Pflanzen stark versamen. ◼ ◼ ⬛ 15–20 cm ✿ V–IX

Immer wieder öffnet diese wunderschöne Kreuzkrauthybride neue Blüten. Sie paßt nicht nur als Solitär in den Schatten, sondern macht sich auch gut als stattliche Begleiterin am Teichrand. ◼ ⬛ 2 m ✿ VIII–IX

Lückenfüller für einen Sommer

Im Sommer entdeckt man plötzlich, daß irgendwo eine Lücke entstanden ist, weil sich die dort stehende Pflanze als doch nicht so langlebig erwiesen hat. Das ist an sich nicht das große Problem, der freie Platz kann jedoch störend wirken. Hier müssen sich einjährige Sommerblumen schnell ans Werk machen und die Pflanzendecke wieder schließen. Wer etwas Natürliches haben möchte, wählt die Gauklerblume aus, die ihre Blüten locker über die breiten Büsche verteilt. Als kleine Farbkleckse kann man auch Fleißige Lieschen oder Eisbegonien setzen. Sie sollten aber darauf achten, daß die bereits vorhandene natürliche Vegetation mit den von Ihnen nachgepflanzten Sommerblumen harmoniert.

Romantik im Schatten

Schattenpflanzungen haben immer etwas sehr Natürliches. Vermutlich hängt das damit zusammen, daß nur wenige Gattungen wirklich prachtvollen Blütenschmuck tragen. Das ist aber auch gut so, denn auf diese Art und Weise behält der Schatten immer eine gewisse Verschwiegenheit und seine unnachahmliche Romantik. Wer eine solche Stimmung provozieren möchte, der sollte sparsam, aber bestimmt immer wieder ein paar Effekte einplanen. Diese gelingt leicht, indem Sie beispielsweise eine strenge Linienführung der Wege vermeiden. Weiterhin darf auch mal ein hoher Busch so plaziert werden, daß man dahinter etwas verstecken kann, etwa eine Bank, die man erst auf den zweiten Blick entdeckt.

Natürlich spielt auch die Pflanzenauswahl eine Rolle. Pastelltöne erzeugen romantische Stimmungen. Leuchtende Farben, wie

Im Sommer erscheinen die stattlichen Blütendolden der Hortensien. Sie lassen sich auch gut getrocknet in Gestecke und Blumenarrangements einarbeiten.

Die schlichte Schönheit des Storchschnabels entfaltet sich erst richtig im Schatten. Sie erweist sich dabei als unkompliziert und paßt zu den verschiedensten Pflanzen. Hier regnen beispielsweise die Samenstände des Goldregens herab. Eine traumhafte Situation – irgendwann glaubt man sogar, das Prasseln der Tropfen zu hören.

Blühende Sträucher

Natur Buch

Tip

Für halbschattige Beete können Sie auch aus dem großen Repertoire der Rosen einige Sorten auswählen, die an diesem Standort sehr gut wachsen und blühen. Sie tragen die verschwiegene Romantik des Schattens wundervoll leicht zwischen den Bäumen hindurch.

Blühende Sträucher für den Schatten

- Seidelbast (Daphne mezereum)
  Blüte: karminrot, Februar bis März
- Deutzie (Deutzia- Arten und Sorten)
  Blüte: weiß, Mai bis Juni
- Tellerhortensie
  (Hydrangea sargentiana)
- Pfeifenstrauch (Philadelphus-Hybriden) Blüte: weiß, August bis Oktober
- Schneeball (Viburnum plicatum)
  Blüte: weiß, Mai bis Juni
- Weigelie (Weigelia-Hybride)
  Blüte: rosa, rot,

Seidelbast ist ein kleiner Strauch, der am besten auf kalkhaltigen Böden gedeiht.
II–III bis 1 m

Verwenden Sie in kleinen Gärten bevorzugt die Niedrige Deutzie und 'Boule de Neige'
V–VI bis 2 m

Im Vergleich zu Bauernhortensien hat die Tellerhortensie flache, 15 cm breite Blütendolden.
VI–VIII bis 2 m

Interessant am Pfeifenstrauch ist der intensive Duft der Blüten, den man schon aus der Ferne wahrnimmt.
V–X bis 4 m

Weigelia-Hybriden bevorzugen in der Regel einen kalkfreien Boden. Der Boden sollte nährstoffreich sein.
V–VIII bis 3 m

Der Duftschneeball entwickelt im Sommer stark duftende Blütenbälle. Die Blüten sind zunächst rosa, später weiß.
V–VI bis 2 m

Rot, Orange und Gelb spielen sich dagegen zu sehr in den Vordergrund. Wer den Schatten mit Sträuchern schmückt, sollte unbedingt darauf achten, daß diese immer vital bleiben. Wenn die Triebe überaltert sind, können sich nicht mehr so reichblühende und fruchtende Schönheiten entwickeln. Außerdem sind die Sträucher meist weniger kompakt. Nehmen Sie daher im Herbst die ältesten Zweige direkt über dem Boden ab. Nach der Blüte kürzt man die Triebe etwas ein.

Solche Pflegemaßnahmen sollten Sie auch in den Staudenbeeten immer wieder einplanen, denn meist haben sich nach drei bis vier Jahren die Horste so stark ausgebreitet, daß die Pflanzen dicht an dicht sitzen. So kann es zu schwachen Blüten und Schädlingsbefall aufgrund der schlechten Belüftung der krautigen Pflanzenteile kommen. Man sticht seitlich von den Horsten etwas ab, oder nimmt den gesamten Wurzelballen vorsichtig aus der Erde und teilt diesen mit dem Spaten. ■

Astilben gibt es in zahlreichen Sorten und Farben. Im Beet gepflanzt, verzaubern die federleichten Blüten und das interessante Blattwerk schattige Gartenecken.

Lebendige Formenvielfalt

Schmal, herzförmig, lanzettlich, oval, rund, fingerförmig zerteilt, gesägt, gezackt, glatt gerandet, doppelt gefiedert – diese Aufzählung vom unterschiedlichen Aussehen des Blattwerkes könnte man beliebig fortsetzen. Die Vielfalt macht das Blattwerk unserer Schattenstauden aus – und dabei ist der Gestalter und Gärtner gefragt, diese grünen Elemente geschickt miteinander zu kombinieren. Es ist eine hohe Kunst, auf diese Art eine stimmungsvolle Situation zu erzeugen.

Es muß aber auch gleich darauf hingewiesen werden, daß innerhalb der Grüntöne das Farbenspiel ebenfalls nicht zu verachten ist. Dieses ist genauso mit in die Planung einzubeziehen wie auch die unterschiedlichen Blattstrukturen. Dies können die ausgeprägten Blattadern sein, die das

Blatt des Ziests strukturieren, oder auch die glänzende Oberfläche eines Hirschzungenfarns.

Ein wichtiger Gesichtspunkt bei der Gestaltung ist die Art und Weise, in der man die Eigenschaften der Pflanzen miteinander kombiniert. Die folgenden Tips können dabei eine Hilfe sein:

● Wenn Pflanzen die gleiche Blattfärbung haben, sollten Sie sich in den Formen unterscheiden.

● Gegensätze, die man nebeneinander pflanzt, sollten kontrastieren, zum Beispiel stark gefiederte Blätter neben großflächigem Laub.

Es lohnt sich, Farnwedel einmal genauer zu betrachten. Hier zeigt sich die Schönheit auch im Detail.

Mit diesen Hilfsmitteln können Sie leicht eigene Pflanzkombinationen entwickeln, die eine große Wirkung haben.

Unterschiedliche Blattgrößen und Blattformen geben dieser Bepflanzung eine individuelle Struktur. Vorder- und Hintergrund sind leicht voneinander zu trennen, wodurch auch innerhalb der Pflanzung räumliche Strukturen deutlich werden.

Verstärkt wird die stimmungsvolle Pflanzung noch dadurch, daß man Formen von Pflanzen in der Umgebung aufnimmt.

▌ siehe auch Seiten 32/33

Sie können z. B. bei der Auswahl der Gartenbänke auf eine verbindende Übereinstimmung ach-

Formen, Farben und Strukturen der Blätter

Frauenmantel

Die schön gelappten Blätter des Frauenmantels sehen besonders im Morgentau interessant aus. Die Blattunterseiten sind seidenhaarig und silberglänzend. Der Boden sollte idealerweise frisch-feucht sein. Stimmen alle Bedingungen, sorgt der Frauenmantel vom Frühjahr bis in den Herbst für dekorative Akzente im Schatten und Halbschatten.

Prachtspiere

Prachtspieren oder Astilben sind in vielen Sorten erhältlich. Hier ein besonders schönes, kräftig rot blühendes Beispiel. Alle Prachtspieren eignen sich für schattige oder halbschattige Standorte mit feuchter Erde.

Lerchensporn

Vom Lerchensporn sind zahlreiche Arten bekannt, darunter viele schöne Frühlingsblüher. Manche gehören zu den am längsten blühenden Stauden überhaupt. Namensgebend ist der Sporn an der Blüte. Interessant sind aber auch die farnähnlichen Blätter. Lerchensporn benötigt durchlässige, humusreiche Erde und gedeiht problemlos im Halbschatten.

Im Schatten müssen Blätter immer eine sehr große Oberfläche haben, denn Licht ist rar, und so versuchen die Pflanzen, die sich an diesen Standort angepaßt haben, durch die Größe ihrer Blätter genügend Licht einzufangen. Sogar an einem Baum kann man diese Unterschiede beobachten. Im Inneren der Krone sind die Blätter beispielsweise wesentlich größer als außen. ■

Lungenkraut

Die feinen, silbrigen Tupfen auf den länglichen Blättern des Lungenkrautes wirken schon aus weiter Entfernung hell. Dadurch beleben sie schattige Situationen. Auch aus der Nähe betrachtet wirken die feinen Pünktchen locker und leicht.

Astilben

Die feinzerteilten Blätter der Astilben sind gut zur Auflockerung großflächiger Blätter anderer Pflanzen geeignet. Dabei treten sie besonders gut hervor, wenn ihre dunkle Blattfarbe einen Kontrast findet.

Sterndolde

Die Sterndolde bringt Licht in den Schatten. Sie ist verhältnismäßig unkompliziert und pflegeleicht. Sie bevorzugt frische, lehmig-humose Böden und paßt gut zu Astilben, Farnen und Funkien. Die silbrig-weißen Sternblüten erscheinen von Juni bis August.

So kommt Leben in den Schatten

Sorgen Sie durch eine ausgeklügelte Gestaltung mit Pflanzen und Accessoires für überraschende Effekte im Schatten. Ganz wichtig ist dabei, daß Sie das richtige Maß beachten. Gehen Sie mit Ihren Ideen sparsam um, damit sich das Auge immer wieder beruhigen kann. Sonst müssen Sie damit rechnen, daß die Hälfte Ihrer tollen Ideen quasi »im Schatten verläuft«, und das wäre wirklich schade. Bleiben Sie auch trotz der kleinen Tricks möglichst nah an der Natur und arbeiten Sie ganz dezent. Schließlich wollen Sie ja keinen Jahrmarkt im Schatten gestalten, sondern lediglich statt einer tristen, dunklen Stimmung einige Lichtblitze aufleuchten lassen. Stecken Sie beispielsweise in einen dichten Gräserhorst eine kleine, messingfarbene Sonne, die wie ein Sternchen ganz dezent aus den Halmen blitzt. Oder beleben Sie ein Eckchen mit einem kleinen Windrad. ■

Gräser für halbschattige und schattige Standorte
- *Zittergras (Briza media)*
- *Segge (Carex conica 'Marginata')*
- *Morgensternsegge (Carex grayi)*
- *Japan–Segge (Carex morrowii 'Variegata')*
- *Hängesegge (Carex pendula)*
- *Breitblattsegge (Carex plantaginea)*
- *Plattährengras (Chasmanthium latifolium)*
- *Waldschmiele (Deschmpsia cespitosa)*
- *Bärenfellschwingel (Festuca gautieri)*
- *Flaschenbürstengras (Hystrix patula)*
- *Schneemarbel (Luzula nivea)*
- *Pfeifengras (Molina arundinacea)*
- *Chinarohrgras (Sinarundinaria nitida)*

Die Blütenrispen der Waldschmiele ähneln im Gegenlicht einer Fontäne. Zusammen mit einem echten Wasserspiel (siehe auch Seite 76/77) können Sie wundervolle Effekte schaffen, wenn sich die Fontäne des Wassers im Beet erhebt. Sie können auch ein echtes Wasserspiel gestalten und die gleiche Situation gegenüber mit diesem Gras nachbilden.
Übrigens: Das für den Halbschatten geeignete Pfeifengras bildet ebenfalls derartige Rispen. Eine Sorte trägt sogar den Namen 'Fontäne'.

Wunderschöne Ton-in-Ton Kombination:
Der Storchschnabel und die rosaroten
Fingerhutblüten ergänzen sich zu einer
malerischen Szene. Streuen Sie immer
wieder einzelne Kombinationen dieser
Art in eine großflächige Bepflanzung.
Das Auge hält sich gern daran fest.

Lautlos schnattern die weißen
Tongänse durch den Schatten.
Dieses kleine Accessoire sorgt
neben der Bepflanzung zusätz-
lich für Licht. Zudem schaffen
Sie mit dieser Idee eine kleine
Aufmunterung für jeden, der
daran vorbeigeht.

Gräser

Das Büschelige Haargras
zeichnet sich besonders
durch die lockeren Blü-
tenähren aus, die man
auch gut trocknen kann.
   bis 1 m

Die lockeren Halme des
Pfeifengrases bleiben
sogar noch nach dem
Schnee prachtvoll in
den Beeten.
  bis 2,5 m

Die Nickende Segge
paßt mit ihren überhän-
genden Blütenständen
gut an schattige Ufer
von Naturteichen.
 1 m
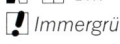 Immergrün

Zittergras hat kleine herz-
förmige Ähren, die einen
Platz an Wegrändern
oder am Treppenauf-
gang hübsch verzieren.
 30–60 cm
VII–VIII

Die leuchtendweißen
Blütenähren der immer-
grünen Schneemarbel
erscheinen im Früh-
sommer.
  bis 60 cm
VI

Das Flaschenbürsten-
oder Riedgras ist im-
mergrün und bildet
stattliche Horste. Die
Blüte ist unscheinbar.
  bis 50 cm

Schmückende Akzente mit Terrakotta

Töpfe und Accessoires aus Ton geben schattigen Gartenecken eine gemütliche und warme Atmosphäre. Dabei bieten sich vor allem Bereiche an, die durch Gebäude beschattet werden. Ein Innenhof bekommt beispielsweise mit der rotbraunen Farbe und vielen Pflanzen ein freundliches Ambiente, in dem man sich nach einem Stuhl oder einer Bank sehnt, um sich hier zu entspannen. Übrigens können Sie auf diese Art und Weise auch Balkone gestalten, die kein direktes Sonnenlicht bekommen. Verwenden Sie hier in erster Linie weißblühende Sommerblumen, wie Fuchsien, Fleißige Lieschen, Eis- und Knollenbegonien. Auf diese Art und Weise fangen Sie sehr viel Licht ein. Zusätzlich sorgen Pflanzen mit panaschierten, also weiß – grün gezeichneten Blättern, für Licht. Sie können Funkien und Efeu beispielsweise in Töpfen kultivieren. ■

Kleinwüchsige Rhododendren geben prächtige Kübelpflanzen ab, die einen fast mediterranen Charme haben. Im Fachhandel ist spezielle Rhododendrenerde erhältlich, die ein optimales Gedeihen dieser ansonsten problemlosen Pflanzen ermöglicht.

Die Marbel blüht mit kleinen beige-weißen Büschelchen. Der Name Marbel ist eine volkstümliche Bezeichnung für die Murmel. Vielleicht verwenden Sie im Garten Kugeln aus Terrakotta, um entsprechend den Größenverhältnissen eine ansprechende Gestaltung zu zeigen. Diese Kugeln verleihen auch im Winter dem Garten eine dekorative Note. Sie sollten darauf achten, daß die Kugeln aus frostfestem Terrakotta sind. Anderenfalls müssen sie unbedingt trocken gelagert werden.

Ein Topfarrangement im Schatten lockert eine Unterpflanzung auf. Am Wegesrand und unter Gehölzen kann man mit Topfgärten allerlei neue Bilder entwerfen.

Zwischen den Farn am Rand des Wegpflasters hat sich eine Tonkugel gerollt. Schließlich braucht die junge Pflanze ein paar Jahre, bis sie dieses Minibeet voll ausfüllt.

Schattenstauden, die auch in Töpfen gut gedeihen

- Frauenmantel (Alchemilla mollis)
- Prachtspiere (Astilbe)
- Bergenie (Bergenia)
- Wasserdorst (Eupatorium)
- Storchschnabel (Geranium)
- Funkie (Hosta)
- Taubnessel (Lamium)
- Schaumblüte (Tiarella)
- Immergrün (Vinca minor)

Rotlaubige Schattenstauden

- Kriechender Günsel (Ajuga reptans)
- Bergenie (Bergenia-Hybriden)
- Silberkerze (Cimicifuga ramosa 'Atropurpurea')
- Elfenblume (Epimedium x versicolor)
- Purpurglöckchen (Heuchera micrantha 'Palace Purple')
- Ligularie (Ligularia dentata 'Desdemona')
- Herbststeinbrech (Saxifraga fortunei)

Efeu – Meister der Vielseitigkeit

Efeu, botanisch *Hedera*, ist eine Kletterpflanze, die sich mit feinen haarartigen Haftwurzeln festhält, um so ihre Triebe dem Licht entgegenwachsen zu lassen. Dieser Selbstklimmer gedeiht sehr gut im Schatten und zeigt dabei eine große Variationsbreite was Farben, Formen und Größe der Blätter betrifft. Die Pflanze mit den dunkelgrünen Blättern, bringt zwei Vorteile für den Schattengarten mit: Sie wächst und gedeiht im Schatten prächtig und ist immergrün.

Daneben können Sie auch dadurch einen besonderen Formenreichtum im Schatten erzeugen, daß sie Efeu auf den verschiedensten Unterlagen heranziehen. Über Rankgerüste gezogen bilden die Triebe die unterschiedlichsten Figuren. Als Säule, Quader, Kugel oder Kegel wächst Efeu ebenso wie als Teddy oder Herz. Wer die Gerüste selber bauen will, sollte sich zunächst die gewünschte Fi-

Ein dunkles Grün ist typisch für Efeu, darauf malen die Adern mit dünnem weißgrauem Strich ihre Muster. Aber auch Weiß oder Gelbgrün kann das Efeublatt gezeichnet sein, tief geschlitzt, herzförmig oder fingerförmig geteilt.

Erst im Alter zieren die kugeligen Blütenstände den Efeu. Die eigentliche Blüte ist dabei eher unscheinbar. Später bilden sich dann kleine Beeren, die sich zum Winter schwarz verfärben.

Efeu hält sich mit sogenannten Haftwurzeln an jedem Mauerwerk fest. Dabei sollten Sie vor der Pflanzung prüfen, ob Fugen und Putz intakt sind, damit das Efeu nicht in die Ritzen hineinwächst.

Panaschiertes Efeu wirkt in absonnigen Bereichen besonders hübsch. Pflanzen Sie Sorten wie 'Golden Heart' jedoch nicht in den tiefen Schatten, dort werden sie bald vergrünen.

Kleinere Efeusorten legen ihre Triebe dezent über Steine und sorgen für schöne Gartenbilder. Hier lohnt sich ein intensives Sortenstudium.

Efeuranken schmücken Spaliere und Gitter aus Eisen. Der Formenvielfalt ist dabei keine Grenze gesetzt. Sie können solche Rankgerüste entweder ım Handel kaufen oder aber selbst bauen. Sie sollten sich aber im Garten auf eine Stilrichtung festlegen und entweder geometrische Formen aus Efeu wachsen lassen oder aber figürliche Muster.

gur auf einem Plan aufzeichnen. Danach baut man die Rahmen aus Holz und bespannt sie mit Maschendraht. Sie können auch Baustahlmatten in die passende Form bringen. Bei figürlichen Darstellungen wird der Rahmen aus festem Draht gebogen und mit Maschendraht überzogen. Hierfür brauchen Sie aber viel Übung und Geschick. Solche Formen kaufen Sie im Zweifelsfall besser im Fachhandel. Die Triebspitzen müssen in den ersten Jahren immer wieder in das Rankgerüst verflochten werden, damit sich eine kompakte Form bildet. ■

Efeu ist ein kletterndes Gehölz und zeigt sich als wahres Multitalent. Blattformen und -zeichnungen variieren stark, so daß Sie verschiedenförmige Blätter in allen Farbtönen finden.

Auch an Bäumen wächst Efeu empor. Hier sollte man jedoch vorsichtig sein, damit der Baum nicht unter dem Kletterkünstler leidet.

Wenn Efeu in die Jahre kommt

Efeu hat die besondere Eigenart, daß die Blattform im Alter sich von der junger Pflanzen unterscheidet. Mit zunehmenden Alter wird das Laub groß und flächig, wobei auch die regelmäßigen Kanten und Ecken immer runder werden. Zugleich beginnt Efeu im Alter zu blühen und zu fruchten. In der Natur ist dieses Stadium erreicht, wenn Baumwipfel erklommen und Mauerkronen überwunden sind. Es bilden sich Dolden, deren Schönheit vor allem mit den schwarzblauen Früchten zu Tage tritt.

Die goldgelben Blüten von Troll-blume, Sumpfdotterblume und Gemswurz bilden einen ganz natürlichen Uferschmuck.

Der richtige Platz für Wassergärten

Wasser, das vielfältige Lebenselexier, sorgt für einen hohen Erholungswert des Gartens. Die leise Melodie des Plätscherns, Rauschens und Tropfens strahlt eine wundervolle Ruhe aus, von der man sich stundenlang einfangen lassen kann.

❚ siehe auch Seiten 28/29

Schattige Bereiche vermitteln mit ihrem gedämpften Licht Geborgenheit und eignen sich daher gestalterisch ganz besonders für das Element Wasser. Zudem können Sie durch die Schaffung des neuen Lebensraumes zusätzlich für eine größere Vielfalt an Pflanzen sorgen. Lernen Sie nun einige Gestaltungsideen für Wassergärten kennen. Auch für Ihren Garten, den zur Verfügung stehenden Platz und Ihren Geschmack wird etwas Passendes dabei sein. ■

73

Wasser – jetzt wird der Schatten lebendig

Neben der Gestaltung von Wasserstellen, Bächen und Teichen gehört zur Anlage eine ganze Menge Technik. Pumpen und Filter sind dabei die wichtigsten

Taglilien sind die idealen Pflanzen für trockene Uferbereiche, wie sie beim Teich im Hausgarten sehr häufig sind. Sie verleihen der Bepflanzung das Aussehen einer Uferzone, obwohl Lilien sehr gut in einem normalen Gartenboden gedeihen können.

Utensilien, die Sie benötigen. Die Art der Pumpe, die Sie für Ihren Teich brauchen, hängt ganz entscheidend davon ab, was sie leisten soll. Für einen Bach muß die Pumpe beispielsweise anders ausgelegt sein, als für einen Sprudel-

stein. Sie können sich aber im Fachhandel ausführlich über das Angebot beraten lassen. Wichtig: Sie müssen die Größe des Teichs und den Zweck genau angeben, damit man Ihnen auch tatsächlich das richtige und für Ihre Bedürfnisse passende Gerät verkaufen kann.

Beim Filter gibt es ebenfalls sehr viele verschiedene Modelle. Das Funktionsprinzip ist aber in der Regel immer mechanisch. Dabei wird das Wasser durch ein Filtermaterial geführt, das grobe Parti-

Herbstlaub – Unter Bäumen muß man sicherlich häufiger das Laub von der Wasseroberfläche fischen, damit der Nährstoffgehalt des Teiches nicht so stark ansteigt, daß im darauffolgenden Frühjahr der Algenbewuchs außer Kontrolle gerät.

kel festhält und auf diese Art für klares Wasser sorgt. Vorraussetzung ist die regelmäßige Reinigung des Filters. Weiterhin können spezielle Filter organisches Material mit Hilfe von Mikroorganismen in Nährstoffe für Pflanzen umwandeln.

Filter und Pumpe gibt es auch als Kombigerät. Sie können aber auch Einzelgeräte miteinander betreiben. Eine ausführliche Beratung, was für Ihren Bedarf empfehlenswert und sinnvoll ist, erhalten Sie im Fachhandel.

Wasserqualität

Wenn in einem Gartenteich Fische leben und Pflanzen gedeihen sollen, muß die Wasserqualität stimmen. Dazu sollten drei Werte regelmäßig überprüft werden: der Säuregrad, ausgedrückt als pH-Wert, der Nitrit-Nitrat-Gehalt und die Wasserhärte. Optimal ist dabei ein pH-Wert zwischen 6,5 und 8,5,

Tip
Natur Buch

In der Nähe des Teiches kann man die Ruhe des Wasser besonders gut genießen. Richten Sie sich also am besten hier Ihren Sitzplatz ein.

Bäume bei den Bauarbeiten richtig schützen: Wenn ein Teich neu angelegt wird, sollten die Stämme des Baumbestandes gegen Beschädigung geschützt werden. Aus alten Autoreifen und Holzlatten wird auf den unteren 1,50 bis 2 m ein Schutzmantel fest um den Stamm gebunden.

Nützliches Zubehör

Blätter schöpfen Sie am besten mit einem Kescher ab.

Plastikgitterkörbe erleichtern das Pflanzen.

Pumpen und Filter helfen Ihnen, den Teich sauber zu halten.

Eisfreihalter

ein niedriger Nitrit-Nitrat-Gehalt und eine mittlere Wasserhärte (9–17° dH/Grad deutscher Härte).

Wasserschäden

Wenn sich das Wasser durch eine Undichtigkeit im Becken oder in der Leitung einen eigenen Weg bahnt und dabei Schäden anrichtet, so haftet derjenige dafür, der den Gartenteich angelegt hat. In den meisten Fällen ist das der Hausbesitzer, vielfach aber auch der Mieter. ■

Licht und Wasser ergeben wunderbare Effekte. Der schattige Gartenteil kommt als ruhiger, kontrastreicher Hintergrund sehr gut zu Geltung.

Feuchte Schattenspiele – schattige Wasserspiele

Wasser als gestalterisches Element ist in der Regel keine Frage des zur Verfügung stehenden Raumes. Selbst auf der kleinsten Fläche können Sie eine Wasserschale im Erdboden versenken.

Vielmehr sollte die Kombination mit anderen Gestaltungselementen und die Auswahl der einzelnen individuellen Lösung in den Vordergrund gestellt werden.

Für räumlich eng begrenzte Gartenräume stehen zahlreiche sogenannte Wasserstellen zur Auswahl. Im Schatten spielt die Wirkung des Lichtes eine große Rolle für die Gestaltung. Auf einer glatten Wasseroberfläche spiegelt sich beispielsweise der Himmel. Im Schatten muß man hierbei unterscheiden. Wird die schattige Situation durch das Blätterdach von Bäumen erzeugt, ergeben sich seltener Lücken, die auf einer kleinen Wasseroberfläche einen lichten Fleck zeichnen. Stammt der Schatten jedoch von einem Gebäude, so kann sich trotzdem der Himmel im Wasser spiegeln und damit Licht in das Dunkel bringen.

▌siehe auch Seite 62

Zudem spielt das Geräusch des Wasserspiels eine große Rolle. Schließlich ist das Erleben im Garten in erster Linie ein sinnliches Ereignis. Im Schatten, wo sich

Je nach Geldbeutel und Geschmack sind Sprudelsteine in allen Größen und Formen erhältlich.

selbst bei der besten Gestaltung nie die gleiche Farbenpracht fürs Auge ergibt, und auch die Nase viel seltener von einer Duftwolke

Das Plätschern eines Sprudel-steines wirkt beruhigend und lädt ein zum Träumen und Meditieren.

überrascht wird, steigert man die Reize der einzelnen Sinne durch die Musik des Wassers.

Auch bekommt gerade an heißen Sommertagen ein schattiges Eckchen mit einer Wasserstelle einen besonderen Erholungswert, der durch einen Sitzplatz in der Nähe noch gesteigert werden kann. Lesen Sie dazu auch Seite 28 und folgende. ◼

Steter Tropfen und sprudelnde Steine

Kreisrund

Das kleine Wasserbecken hat senkrecht gemauerte Wände. Das ist eine sehr praktische und einfache Lösung, wenn wenig Platz zur Verfügung steht. Die Einfassung aus Stein und der Kies sorgt für einen harmonischen Übergang zum übrigen Garten. Der Wasserstand im Becken sollte aber nicht zu tief sein, da für Kinder und Tiere der steile Beckenrand eine Gefahrenquelle darstellt.

Typisch italienisch

Im Innenhof wird die Situation durch einen solchen Wandspeier ganz entscheidend geprägt. Es kommt südliches Flair auf. Sie können mit schattenverträglichen Efeufiguren, Buchsbaum und Liguster in Terrakottatöpfen für eine Abrundung der Stimmung sorgen.

Exklusiv

Ein sprudelnder Mühlstein gehört zu den Klassikern der Wasserspiele, doch sollten Sie sich darüber im Klaren sein, daß diese malerische Idylle auch einen recht hohen Preis hat. Lavasteine oder Findlinge sind meist wesentlich günstiger erhältlich.

Das Loch im Stein

Das Loch im Sprudelstein sollten Sie keinesfalls selber bohren. Bringen Sie den Stein grundsätzlich zu einem Fachmann, denn anderenfalls geht meist nicht nur die Bohrmaschine kaputt, auch der Stein zerspringt leicht. Außerdem besteht eine hohe Verletzungsgefahr.

Für kleine Wasserstellen gibt es im Garten nicht nur viele geeignete Plätze, sondern auch ganz unterschiedliche Gestaltungsformen. Suchen Sie sich aus dem reichhaltigen Angebot eine passende Lösung für Ihre schattige Gartensituation aus. Meist ist es von Vorteil, wenn in der Nähe ein Wasseranschluß zur Verfügung steht, um aufwendige Installationen zu vermeiden. ■

Japanische Gartenkultur

Moderne, japanische Gartenkultur spiegelt sich in dieser kleinen Brunnenanlage wieder. Ein besonders Augenmerk sollten Sie auf die klaren geometrischen Formen und die Verbindung von Stein und Bambus legen.

Natur pur

Ein Teich – und mag er noch so klein sein – stellt sich bald als ein quicklebendiges Kleinod dar. Mücken, Libellen und Wasserläufer tummeln sich zusammen mit den Vögeln am Wasser. Und wer Glück hat, der wird irgendwann auch mal Kaulquappen in dem Mini-Teich entdecken.

Dekorative Vogeltränke

Diese kleine Wasserstelle wird die gefiederten Mitbewohner im Sommer besonders erfreuen. Ein kühler Tropfen und ein erfrischendes Bad in der Steinschnecke sind immer willkommen.

Erfrischende Quelle

Elegant plätschert das Wasser in den Brunnen und belebt dezent die Ruhe des Schattens. Wenn Sie nicht so großen Wert auf fließendes Wasser legen, können Sie hier auch die normale Wasserleitung anschließen und nur gelegentlich das Becken wieder auffüllen. Anderenfalls muß das Wasser aus dem Becken über eine Pumpe in Bewegung gehalten werden.

Einladung zum Träumen

Meditieren und die Ruhe genießen, dazu laden Wasserstellen im Schatten ein. Daher sollten Sie sich selbst neben der kleinsten einen Sitzplatz einrichten. Rundherum

Im Herbst sollten Sie die Seerosen etwas reduzieren und abgestorbene Blätter entfernen.

werden Blütenpflanzen gesetzt, die für Atmosphäre sorgen.

Winterschutz am Teich

Damit der Teich den Winter gut übersteht, muß im Herbst alles gereinigt werden. Zunächst werden die Elektrogeräte herausgenommen (vorher den Netzstecker ziehen!), und das Teichwasser wird gut zur Hälfte abgelassen.

Anschließend die Pflanzkörbe herausnehmen, Fische mit einem Kescher fangen und in ein separates Becken setzen. Nun den Schlamm vom Teichboden entfernen, sonst setzen im Winter Fäulnisprozesse ein. Die Folge wäre Sauerstoffmangel im Wasser und die Wasserqualität würde beeinträchtigt. Die Ränder des Beckens säubern, und frisches Wasser auffüllen. Rohrkolben, Schilf und andere Gräser schneiden Sie erst im Frühjahr zurück. ■

Seerosen pflanzen

Seerosen haben ein längliches Rhizom, an dessen Spitze Blätter und Blüten austreiben. Dieses sollte horizontal auf die Erde gelegt werden. Wenn es Knollenform hat, stecken Sie es senkrecht in das Substrat. Am besten pflanzen Sie die Rhizome in Gitterkörbe, die mit Pflanzvlies ausgelegt werden. So können Sie die Seerosen zur Teichreinigung leicht herausnehmen. Als Pflanzerde verwenden Sie eine Mischung aus Lehm und Sand (1:3) oder kaufen im Fachhandel ein fertiges Substrat.

Die Sumpfdotterblume ist eine sommergrüne Uferstaude mit leuchtend goldgelben Blüten im Frühling.
60 cm

Die Trollblume eignet sich ebenfalls zur Bepflanzung von Teichrändern. Die schönen, orangefarbenen Blüten erscheinen bereits im Frühling.
60–75 cm, IV/V

Der Wasserdorst gedeiht in jeder Erde, bevorzugt aber feuchte, durchlässige Erde. Blüte im Spätsommer bis Herbst.
1–4 m

Die kleinen, leuchtend rosaroten Blüten der Rosenprimel erscheinen im Vorfrühling. Eine schöne, kleinbleibende Staude für den Teichrand.

☂ 10–15 cm

Der Blutweiderich ist heimisch auf feuchten Wiesen. Für den Garten in verschiedenen Sorten erhältlich. Blüte im Sommer.

☂ 80–150 cm

Der Goldkolben ist eine stattliche Staude für Uferbereiche mit attraktiven, orangefarbenen Blütenköpfchen, die von Hoch- bis Spätsommer erscheinen.

☂ 1,20 m

In dem kleinen Wasserbecken gedeiht die wohlriechende Seerose. Sie schmückt mit ihren großen Blüten den ganzen Sommer über die Wasseroberfläche, wobei sie halbschattige Plätze durchaus verträgt. Die Bank schmiegt sich an die runde Form des Beckens an. Dadurch entsteht an dieser Oase eine besondere Harmonie. Sommerflieder und Taglilien beleben mit ihren Blüten den Hintergrund der Bank. Außerdem werden in den Sommermonaten viele Schmetterlinge die Blütenrispen des Strauches besuchen, so daß sie hier kurzweilige Stunden verbringen können.

Wer sagt denn, daß Sie sich für eine einzige Idee entscheiden müssen?

Hier finden Sie eine ganze Reihen von Ideen, die im Schatten für eine feucht-fröhliche Stimmung sorgen können. Sie können diese Vorschläge sogar auf Terrassen oder dem Balkon unterbringen, wenn Sie sonst kein Eckchen mehr frei haben.

Beachten Sie aber, daß auch bei kleineren Gefäßen das stehende Wasser ausgetauscht werden muß, so es nicht verdunstet ist. Anderenfalls wird es schmuddelig und Dreck lagert sich an den Gefäßwänden ab. Zur Reinigung schrubben Sie die Wände mit einer Wurzelbürste und klarem Wasser ab. Verwenden Sie für diese möglichst keine Haushaltsreiniger.

So wird das Vergnügen groß sein, und Sie können nicht nur im Sommer den Vögeln beim Baden zusehen, sondern werden bestimmt auch von Libellen und anderen ungewöhnlichen Insekten Besuch bekommen. ■

Die kleine sprudelnde Dreiergruppe versteckt sich dezent hinter den Büschen. Sie ist sehr klein und flach, doch die Melodie sorgt immer für eine entspannende Atmosphäre, selbst wenn die Steine nicht im Blickfeld sind.

Ein dunkler Hintergrund wie dieses Gehölz verschafft der Fontäne eine wunderschöne Kulisse. Je kräftiger sich übrigens das Wasser durch ein solches Spiel bewegt, desto weniger Lebewesen werden sich in dem Teich niederlassen. Wer also auf das Teichleben großen Wert legt, muß die Idee eines Wasserspiels an der gleichen Stelle verwerfen.

Wie in einem andalusischen Patio fühlt man sich bei diesem Wandspeier. Er sollte stilistisch in jedem Fall zur Umgebung passen.

Eine mobile Lösung sind Holzfässer. Alte Weinfässer bekommen Sie auf Flohmärkten und beim Trödler. Diese können Sie wie ein Wasserbecken bepflanzen.

Wenn Sie keinen Wasseranschluß haben, aber das Gefühl einer Wasserstelle mit einem dekorativen Element verbinden möchten, dann setzen Sie einfach eine große alte Schwengelpumpe in den Garten. Sie verleiht zudem einen altmodischen Touch.

Wasserpflanzen, die auch in kleinen Becken gut gedeihen

- Sumpfdotterblume (Caltha palustris)
- Tannenwedel (Hippuris vulgaris)
- Gauklerblume (Mimulus luteus)
- Sumpfvergißmeinnicht (Myosotis palustris)
- Teichsimse (Scirpus lacustris)
- Bachbunge (Veronica beccabunga)

Trittsteine im Wasser
erschließen diesen schön
eingewachsenen, natürlich
wirkenden Gartenteich.

Nach dem Vorbild der Natur – Teich und Bach

Wer in seinem Garten ausreichend Platz hat oder auch natürliche Lösungen sucht, für den sind Teich und Bachlauf genau das Richtige. Beide bieten zahlreichen Tieren und Pflanzen einen natürlichen Lebensraum.

Die Wasserpflanzen werden dabei in verschiedene Gruppen eingeteilt, die sich jeweils nach der Wassertiefe und der Art und Weise richten, wie die Pflanzen im Wasser leben. Man unterscheidet dabei Unterwasserpflanzen, Schwimmblattpflanzen, Sumpfpflanzen und Uferrandstauden. Die Unterwasserpflanzen sind besonders wichtig für die Sauberkeit des Teiches, da sie Sauerstoff in das Wasser bringen und Nährstoffe verbrauchen. Wichtig für ihr Wachstum ist, daß ausreichend Licht in die tieferen Wasserzonen gelangt. Wasserfeder, Gewöhnlicher Was-

serschlauch und Tausendblatt sind typisch für die pflanzlichen Taucher.

Die bekanntesten Schwimmblattpflanzen sind die Seerosen. Daneben zählen die Seekanne, die Teichrose und der Wasserknöterich zu dieser Gruppe.

Der Flachwasserbereich kennt zahlreiche sehr dekorative Stauden. Sie brauchen einen Wasserstand, der konstant mindestens 10 cm beträgt. Hechtkraut, Froschlöffel und Schwanenblume gehören zu den bekannten Vertretern dieser Gruppe.

■ siehe auch Seite 90/91

Schwertlilien fühlen sich am Gewässerrand wohl und zeigen dort ihre wunderschönen Blüten.

Wichtig ist, daß der Übergang zum Garten dezent gestaltet wird. Wer einen Naturgarten hat, sollte den Uferrand etwas stärker beto-

Die Handschrift der japanischen Gartenarchitektur läßt sich hier nicht leugnen.

nen. Bei architektonisch angelegten Gärten, kann aber auch ein befestigter Teichrand mit Platten oder Holzstegen sehr passend aussehen. Dieser ermöglicht es zudem, sich an den Teich zu setzen und die Spiegelungen in der Wasseroberfläche für ein paar Tagträume zu nutzen oder die Fische und Insekten im Wasser in Ruhe zu beobachten. ■

Teich und Bach – so wird's gemacht

Puzzle aus Fertigteilen

Bevor Sie die Fertigteile einsetzen, muß die Form markiert werden und dementsprechend ein Bett ausgehoben werden. Heben Sie großzügig aus, damit man die Teile locker und leicht hineinsetzen kann. Nun das Bachbett an den Übergängen gut isolieren, damit sich das Wasser keinen eigenen Weg sucht. Im Anschluß wird das Becken ausgerichtet. Mit Sand und Wasser wird es eingeschlämmt, so daß keine Hohlräume verbleiben. Mit einem Leitungssystem, das parallel aber unterirdisch verlegt wird, verbinden Sie die Mündung mit der Quelle. So kann das Wasser immer im Kreis transportiert werden.

Steine und Pflanzen

Das Bachbett wird anschließend mit Steinen gestaltet. Auch seitlich bringt man große Brocken in die Erde ein, um die sich der Bach herum schlängelt. In Pflanzenkörben können Pflanzen eingesetzt werden. Sie sorgen für unterschiedliche Breiten des Wasserlaufes.

Für den Bau von Teich und Bach gibt es verschiedene Verfahren. Die gebräuchlichsten sind Fertigteile und Folie. Für den Teich bedeutet das ein Becken mit unterschiedlichen Tiefen, für den Bach kann man aus verschiedenen Elementen einen Verlauf zusammensetzen. Die andere Möglichkeit ist die Verwendung von Folie. Hierbei modellieren Sie beim Aushub den Teichgrund. ■

So groß muß die Folie sein:

maximale Länge + doppelte Tiefe + 1 m für den Rand X maximale Breite + doppelte Tiefe + 1 m für den Rand.

Baumschäden vermeiden

Wer im schattigen Garten einen Teich anlegen möchte, sollte darauf achten, daß die vorgesehene Fläche nicht von starken Baumwurzeln durchzogen ist. Anderenfalls entsteht nämlich leicht ein Problem beim Aushub und die Bäume können nachhaltig geschädigt werden.

Das Teichbett abdichten

Mit einer Schlauchwaage justieren Sie den Teichrand, damit der Teich nicht schräg steht und leerfließt. Außerdem müssen nun die einzelnen Tiefen im Untergrund modelliert werden. Es sollten keine eckigen oder scharfen Gegenstände herausstehen, bevor zunächst ein Schutzvlies hineingelegt wird. Anschließend die Folie einlegen und langsam den Teich mit Wasser befüllen. Dabei die Folie glätten. Wenn der Teich zu drei Vierteln voll ist, wird der Rand befestigt.

Rand-Probleme

Der Teichrand kann sehr unterschiedlich gestaltet sein. Steilufer, Sumpfzone oder Pflaster rahmen den Teich nach Ihren Vorstellungen ein. Wichtig: Das Folienende muß immer nach oben zeigen. In der Abbildung wird gezeigt, wie Sie einen stufigen Rand legen und die Folie mit Erde und großen Steinen über einen Wulst befestigen. Ist die Folie falsch verlegt, entziehen die benachbarten Beete dem Teich ständig Wasser.

Der Weg des Wassers durch den Schatten

Bei einem Bach plätschert das Wasser über Gefälle in ein Becken. Dies kann ein Teich sein. Als Alternative kann das Wasser aber auch in einem Sumpfbeet versickern, oder Sie legen unterirdisch ein Auffangbecken an, aus dem das Wasser wieder zur Quelle hinaufgepumpt wird.

Ein natürlicher Bachlauf schlängelt sich durch eine Landschaft hindurch, und dort, wo Steine und Baumwurzeln im Weg liegen, entstehen von alleine kleine Wasserfälle. Durch die Fließbewegung des Wassers wird es automatisch mit genügend Sauerstoff angereichert.

▮ siehe auch Seite 86

Zwischendrin kann man auch wieder etwas größere ebene Stücke einfügen, so daß sich das Wasser sammelt und die Fließgeschwindigkeit des Wassers etwas gemindert wird. ■

Stauden, die es feucht und schattig mögen

- *Frauenmantel (Alchemilla mollis)*
- *Wiesenschaumkraut (Cardamine pratensis)*
- *Königsspiere (Filipendula rubra)*
- *Sumpfschwertlilie (Iris pseudacorus)*
- *Pfennigkraut (Lysimachia nummularia)*
- *Pfeifengras (Molinia caerulea)*
- *Sumpfvergißmeinnicht (Myosotis palustris)*
- *Perlfarn (Onoclea sensibilis)*
- *Königsfarn (Osmunda regalis)*
- *Glockenprimel (Primula florindae)*
- *Etagenprimel (Primula japonica)*
- *Rosenprimel (Primula rosea)*
- *Wiesenraute (Thalictrum aquilegifolium)*
- *Sumpffarn (Thelypteris palustris)*
- *Dreimasterblume (Tradescantia – Andersoniana-Hybride)*
- *Trollblume (Trollius europaeus)*

Farne gedeihen am Bachlauf sehr gut. Sie lieben die feuchte, kühle Atmosphäre. So läßt sich im Garten leicht eine waldähnliche Situation nachbilden. Im Laufe der Jahre wird der Farn auch mobil und der Bestand dicht und natürlich. Pflanzen Sie also immer in ausreichend großem Abstand, anderenfalls wird die Pflanzendecke am Bachbett in kurzer Zeit viel zu dicht und seltenere Arten werden verdrängt.

Dekorative Farne

Der heimische, halb-immergrüne Wurmfarn trägt doppelt gefiederte, große Wedel, die auf einem braungeschupp-ten Rhizom wachsen.
bis 1,2 m

Asplenium, der Streifen-farn, gedeiht am besten in Mauerfugen. Er bleibt auch im Winter grün.
15 cm

Ein gerader Bachlauf durch den Garten ist die architektonische Alter-native zum natürlichen angelegten Bach. Quelle und Mündung spielen nur eine untergeordnete Rolle. Die rinnenartige Linie erstreckt sich ganz gerade durch den Garten. So kann man Gartenräume voneinan-der trennen.

Das Moos auf den Steinen läßt sich nicht pflanzen, aber wenn das System insgesamt stimmt, wird es nicht lange auf sich warten lassen. Wichtig ist eine nicht zu hohe Fließgeschwindigkeit des Wassers. Sonst kann sich nämlich das Moos nicht festsetzen und wird immer wieder weggespült.

Der Straußfarn gehört zu den Vagabunden, da er sich durch Ausläufer ausbreitet.
80 cm

Hirschzungenfarne sind immergrün und haben aufrechte, ledrige Blät-ter. Gut für alkalische Böden.
30 cm und mehr

Der Schildfarn gehört zu den immergrünen Farnen. Die ledrigen, dunkelgrünen Wedel bestehen aus feinge-streiften Blättchen.
50 cm

Der zerbrechliche Bla-senfarn fällt durch die zierlichen Wedel mit den rötlichen Rippen und Stielen auf.
40–50 cm

Das Ufer – bunt blühend und dicht zugewachsen

Wer eine natürliche Verbindung zwischen Teich und Umgebung sucht, der sollte auf die Gestaltung des Ufers achten. Flachwasserzone und Randbereiche lassen sich mit vielen Pflanzen sehr dekorativ gestalten. Dabei kann man gleichzeitig unterschiedliche Lichtsituationen berücksichtigen.

Sie sollten bei der Höherverteilung immer beachten, wie steil das Ufer in Richtung Teich abfällt und von wo Sie die Schönheiten

Wasserpflanzen für die Flachwasserzone

- ☐ *Froschlöffel (Alisma plantago – aquatica): Blütenfarbe: weißlich*
- ☐ *Schwanenblume (Butomus umbellatus): Blütenfarbe: rosarot*
- ☐ *Fieberklee (Menyanthes trifoliata): Blütenfarbe weiß*
- ☐ *Hechtkraut (Pontederia cordata): Blütenfarbe: blau,*
- ☐ *Zungenhahnenfuß (Ranunculus lingua): Blütenfarbe gelb*
- ☐ *Pfeilkraut (Sagittaria sagittifolia): Blütenfarbe weiß*
- ☐ *Teichsimse (Scirpus lacustris): Blütenfarbe: rotbraun*

Ein ganz typisches Bild malen die Pendelsegge und der Mädesüß an den Teichrand. Achten Sie darauf, daß die lang herabbaumelnden Blütenstände des Grases vor einem flächigen Hintergrund zur Geltung kommen. Gut eignet sich dafür beispielsweise die Teichoberfläche. Eine sehr dekorative Alternative zu der hohen Pendelsegge ist ihre Schwester, die Morgensternsegge. Sie verträgt sowohl trockene als auch feuchte Standorte.

Bei Fertigteichen ist der Uferbereich in der Regel immer trocken und nicht naß wie in der Natur. Hier muß man mit Stauden eine Zone gestalten, die möglichst naturnah wirkt. Mit Gräsern, wie der Waldschmiele, trockenheitsverträglichem Blutweiderich, der im Bild gezeigte Goldfelberich, Taglilien, Federborstengras und Prachtspiere lassen sich Gartenbilder schaffen, die an das Ufer passen.

betrachten können. Ein Wasserdost beispielsweise kommt mit seinen fast zwei Meter hohen Horsten auch von der Ferne zur Geltung. Eine Gauklerblume oder ein Sumpfvergißmeinnicht dagegen sollte man so pflanzen, daß man die zierlichen Blüten aus der Nähe betrachten kann. ■

Das aus Nordamerika stammende Hechtkraut fällt vor allem wegen der blauen, kerzenähnlichen Blüten auf, die sich von Juni bis August über den länglich-herzförmigen Blättern erheben. Das wuchsfreudige Hechtkraut wird etwa 60 cm hoch und sollte von vorneherein genügend Platz haben (Wassertiefe etwa 30 cm).

Die Trollblume kennt verschiedenste Arten und Sorten. Die kugelrunden Blüten sind typisch für die einheimische, die offenen Schalenblüten kennzeichnen dagegen die Chinesische Trollblume. Die Blütezeit liegt zwischen Mai und Juni. Achten Sie darauf, daß die Pflanzen nicht direkt mit den Wurzeln von Bäumen konkurrieren.

Wenn Kinder am Teich spielen

Wasser zieht Kinder magisch an. Selbst Verbote helfen nicht weiter. Wasser stellt aber auch eine besondere Gefahrenquelle dar, selbst wenn es sich um einen Bach mit eher geringen Wassertiefen handelt. Deshalb sollten Sie unbedingt Schutzzäune anbringen, wenn Sie kleine Kinder haben oder häufig Kinder zu Besuch bei Ihnen sind. Auch Schutzgitter, die dicht unter der Wasseroberfläche gespannt sind, helfen bei der Vermeidung von Unfällen. Dennoch sollten Sie immer wachsam sein, damit kein Unglück passiert, für das Sie als Teichbesitzer möglicherweise die Verantwortung trifft.

Tips und Adressen

Der Pflanzen-einkauf

Das A und O beim Pflanzenein-kauf ist die Qualität. Sie ist eigent-lich der wichtigste Punkt für ein gutes Anwachsen und die arttypi-sche Entwicklung. Beachten Sie deshalb die folgenden Punkte.

- Kaufen Sie am besten in Mar-kenbaumschulen oder Stauden-gärtnereien. Fachbetriebe, die Mitglied im Bund deutscher Baumschulen / Staudengärtner sind, garantieren eine einwand-freie Pflanzenqualität.
- Kaufen Sie nur Ware, die mit ei-nem Etikett ausgezeichnet ist, sonst wissen Sie zuhause nicht mehr, welche Pflanze in wel-chem Topf ist.
- Der Betrieb sollte die Arten- und Sortenechtheit garantieren.
- Unkraut hat im Topf- oder Wur-zelballen nichts zu suchen.
- Die Pflanzen sollten schädlings- und krankheitsfrei sein.

- Es sollten mindestens zwei kräfti-ge, wüchsige Triebe sichtbar sein.
- Die Pflanzen sollten keinen Nährstoffmangel aufweisen, aber auch nicht zu stark ent-wickelt sein. Mastiges, dichtes Blattwerk ist kein Vorteil für das Anwachsen.
- Der Wurzelballen sollte gut durchwurzelt sein, so daß die Er-de beim Austopfen nicht übermä-ßig herausrieselt. Die Wurzeln dürfen nicht so stark gewachsen sein, daß der Topf verformt ist und sie übermäßig aus den Ab-zugslöchern im Topfboden her-ausgewachsen sind.

Die wichtigsten Pflanzzeiten

- Pflanzzeit für laubtragende Ge-hölze: Herbst bis zum Frühjahr in frostfreien Perioden, nicht bei starkem Regen pflanzen.
- Pflanzzeit für Koniferen: früher Herbst und spätes Frühjahr.

- Pflanzzeit für Containerware: Frühjahr bis Spätherbst, regel-mäßiges Gießen in der Anwachs-phase ist die Vorraussetzung.
- Pflanzzeit für Zwiebelblumen:
  – frühjahrsblühende im Herbst
  – sommerblühende im Frühjahr
  – herbstblühende im Sommer
- Pflanzzeit für Stauden: früher Herbst oder Frühling.

Tips zum Pflanzen

- Vor dem Pflanzen die Erde gut lockern und glattrechen.
- Feuchte Böden mit Sand und Kies dränieren.
- Pflanzen gut wässern.
- Abgeknickte Wurzeln oder Pflanzenteile mit einer Schere sauber abschneiden.
- Nur im Frühjahr vor der Pflan-zung Dünger ausbringen.
- Im Herbst auf Dünger verzich-ten und erst im Frühjahr eine Startdüngung ausbringen.

- Alle unterirdischen Pflanzenteile müssen gut von Erde umgeben sein. Luftpolster können durch kräftiges Andrücken der Pflanzen und gutes Angießen vermieden werden.

- Pflanzen immer gleichmäßig feucht halten. Vor allem bei der Frühjahrspflanzung sollte in den ersten acht bis zwölf Wochen regelmäßig die Feuchtigkeit kontrolliert und gegebenenfalls gegossen werden, damit die Pflanzen möglichst tief in den Boden wachsen und sich dort später selber versorgen.

Gartenmöbel, Gartenschmuck

Country Garden
Auf-den-Beeten 12
72119 Ammerbuch-Reusten

Teak & Garden
Gut Schönau
21465 Reinbek-Ohe

Garpa
Kiehnwiese 55
21039 Escheburg

Die Gartengalerie Murnau
Seidlstraße 25
82418 Murnau

Hesperiden
Thomas Fleischmann GmbH
Kraftshofer Hauptstraße 156
90427 Nürnberg

House & Garden
Mittelweg 117 a
20149 Hamburg

Pflanzen- und Gartenbedarf- versand

Neudorff GmbH
Postfach 1209
31857 Emmerthal

Bakker
Postfach 1180
22926 Ahrensburg

Gärtner Pötschke
Postfach 2220
42561 Kaarst

Samen Schmitz
Humboldstraße 2
85609 Aschheim

Willemse
Bahnhofstraße 6–10
47559 Kranenburg

Dehner
Postfach 1180
86640 Rain am Lech

Eberhard Schuster
Post Gädeben
19065 Augustenhof

Gustav Schlüter
Versandgärtnerei
25335 Bokholt-Hanredder

Keller
Biogarten & Gesundheit
Konradstraße 17
79100 Freiburg

Österreich

Arjobas
Piesing 17
4682 Geboltskirchen

Schweiz

Samen Mauser
Zürichstraße 98
8600 Dübendorf

Baumschulen

Deutschland

Informationen über Baumschulen in den Bundesländern erhalten Sie über:

BdB Bund
deutscher Baumschulen e.V.
Bismarkstraße 49
25421 Pinneberg

Österreich

Bundesfachsektion Baumschule
Draschestraße 13–19
1232 Wien-Inzersdorf

Schweiz

Verband Schweizerischer
Baumschulen
Zürcherstraße 17
5200 Windisch

Lieferanten von Nützlingen

B. Schäfer
»Flora«
Wunkower Weg
15518 Hangelsberg

Neudorff GmbH
An der Mühle 3
31860 Emmerthal

Bio Nova
Josefstr. 102–103
41462 Neuß

Sautter & Stepper GmbH
Rosenstr. 19
72119 Ammerbuch-Attingen

Hatto Welte
Mauershorn 10
78479 Reichenau

Institut für Gemüsebau der
FH Weihenstephan
85354 Freising

Österreich

OGLE
Österreichische Genossenschaft
des landwirtschaftlichen
Erwerbsgartenbaus,
Abt. Nützlingszuchten
Attemgasse 44
A-1220 Wien

Schweiz

Andermatt Biocontrol AG
CH-6146 Grossdietwil

Stoecklerr Bio Agrar AG
Neuhofstr. 5
CH-8630 Rüti

Wassergarten- zubehör und Wasserpflanzen

Gartenbau Hendsch
Elsterstr. 111
07586 Bad Köstritz
Seerosen, Wasserpflanzen, Stauden, Gräser

Karl Wachter
Rollbarg
25482 Appen-Etz
Fertigteiche, Folien, Pumpen, Wasserpflanzen, heimische Pflanzenarten, Stauden

Heinrich Diekmann GmbH
Zum Hämeler Wald 21
31275 Lehrte
Teichbauelemente aus Ton und Lehm, Betonite, Natursteine, Findlinge, Felsen, Pumpen, Fontänen, Beleuchtung, Teichfilter

Stauden Junge
Seeangerweg 1
31787 Hameln
Wasserpflanzen für Rekultivierung, bodenbedeckende Stauden

Neis Staudenkultur
Slooterstr. 100
45481 Mühlheim-Selbeck
Gräser, Stauden, Wasserpflanzen

Walter Radloff
Garten-Center
Schnieglinger Str. 54
90419 Nürnberg
Fertigteiche, Folien, Pumpen, Wasserpflanzen, Gräser, Stauden

Ernst Epple
Im Schemming 1
71726 Benningen
Folien, Pumpen, Seerosen, Sumpf- und Wasserpflanzen

Gärtnerei German
Am Rübsamenwühl 22
67346 Speyer
Fertigteiche, Folien, Pumpen, Wasserpflanzen, Steingartenstauden, Ziergräser

Boden- untersuchungen

Untersuchungsanstalten in Ihrer Nähe erfragen Sie bei:

Geschäftsstelle des Verbandes
staatlicher Bodenunter-
suchungsanstalten (VDLUFA)
Bismarckstr. 41 a
64293 Darmstadt

Register